"十四五"职业教育国家规划教材

U0659525

# 走进护理

## ZOUJIN HULI

主　　编◎陈晓燕

执行主编◎董晓燕

副 主 编◎马　琦

北京师范大学出版集团
BEIJING NORMAL UNIVERSITY PUBLISHING GROUP
北京师范大学出版社

**图书在版编目（CIP）数据**

走进护理/董晓燕 执行主编. —北京：北京师范大学出版社，2015.1
（2025.7重印）

（"十四五"职业教育国家规划教材）

ISBN 978-7-303-18509-2

Ⅰ．①走…　Ⅱ．①董…　Ⅲ．①护理学-中等专业学校-教材　Ⅳ．①R47

中国版本图书馆CIP 数据核字(2015)第 029521 号

出版发行：北京师范大学出版社 https://www.bnupg.com
　　　　　北京市西城区新街口外大街 12–3 号
　　　　　邮政编码：100088
印　　刷：河北品睿印刷有限公司
经　　销：全国新华书店
开　　本：787 mm × 1092 mm　1/16
印　　张：13
字　　数：280 千字
版　　次：2015 年 1 月第 1 版
印　　次：2025 年 7 月第 17 次印刷
定　　价：35.00 元

策划编辑：庞海龙　　　　　　　　责任编辑：王　婉
美术编辑：焦　丽　　　　　　　　装帧设计：锋尚设计
责任校对：陈　民　　　　　　　　责任印制：赵　龙

# 前　言

　　2006年，浙江省政府召开全省职业教育工作会议并下发《省政府关于大力推进职业教育改革与发展的意见》（以下简称《意见》），《意见》指出，"为加大对职业教育的扶持力度，重点解决我省职业教育目前存在的突出问题"，决定实施"浙江省职业教育六项行动计划"。2007年年初，作为"浙江省职业教育六项行动计划"项目之一的浙江省中等职业教育专业课程改革研究正式启动，计划用5年左右的时间，分阶段对约30个专业的课程进行改革，初步形成能与现代产业和行业发展相适应的、体现浙江特色的课程标准和课程结构，满足社会对中等职业教育的需要。

　　专业课程改革亟待改变原有的以学科为主线的课程模式，尝试构建以岗位能力为本位的专业课程新体系，促进职业教育内涵的发展。基于此，课题组本着积极稳妥、科学谨慎、务实创新的原则，对相关行业和企业的人才结构现状、专业发展趋势、人才需求状况、职业岗位群对知识技能的要求等方面进行了系统的调研，在庞大的数据中梳理出共性题，在把握行业、企业的人才需求与职业学校的培养现状，掌握国内中等职业学校各专业人才培养动态的基础上，最终确立了"以核心技能培养为专业课程改革主旨、以核心课程开发为专业教材建设主体、以教学项目设计为专业教学改革重点"的浙江省中等职业教育专业课程改革新思路，并着力构建"核心课程教学项目"的专业课程新模式。这项研究得到由教育部职业技术中心研究所、中央教育科学研究所和华东师范大学职业教育与成人教育研究所等单位专家组成的鉴定组的高度肯定，鉴定组认为课题研究"取得的成果创新性强、可操作性强，已达到国内同类研究领先水平"。

　　护理专业教学指导方案是浙江省公开征集的第三批中等职业教育专业指导方案之一，依据本课题研究形成的课程理念及其"核心课程+教学项目"的专业课程新模式，课题组邀请了行业专家和一线骨干教师组成教材编写组，根据先期形成的教学指导方案着手编写本套教材，几经论证、修改，于2014年付梓成书。党的二十大报告从"实施科教兴国战略，强化现代化建设人才支撑"的高度，对"办好人民满意的教育"作出专门部署，凸显了教育的基础性、先导性、全局性地位，彰显了以人民为中心发展教育的价值追求，为推动教育改革发展指明了方向。《职业教育法》的修订颁布，明确了职业教育是与普通教育具有同等重要地位的教育类型。新时代要进一步加强党对职业教育的领导，坚持"立德树人"总目标，贯彻落实《关于推动现代职业教育高质量发展的意见》，持续推进"教师、教材、教法"改革，努力提升学生职业核心素养。因此对本套教材做出了与时俱进的调整和更新，竭力为中职护理专业的师生打造一套适用、实用、好用的专业教材。

《走进护理》是一门专业核心课教材。编写时联合来自医院临床一线的行业专家、职业院校的教学专家。根据岗位需求和教育教学实际，本书融合了护理概要、护理沟通、伦理法规等相关内容，主要能帮助学生掌握必备的护理服务基本技能，了解医院组织结构和医疗环境要求，掌握护理流程、护士素质要求、护理理论依据、护理程序、护理管理理念、护理相关法律、护理文件记录等基本内容。通过岗位引领型的教学活动，使学生能了解护理的相关知识，具备护理工作能力，培养慎独求真、团队协作的职业素养，树立病人第一、安全第一的服务理念。本书以岗位能力要求为标准，以工作项目及具体任务贯穿知识体系，注重对学生工作能力及职业规范化的培养，突出理论与实践一体化教学的特点。让学生对护理工作有一个全面的认识，为从事护理工作从思想、理念上率先走进医院、走进护理。

本书编写得到了浙江省教育厅职成教教研室及各编者所在单位领导的大力支持！由于时间紧、任务重，书中难免有不足之处，敬请读者提出宝贵的意见和建议，以求不断改进和完善。

编者

# 目　录

# 项目一
## 认识生命

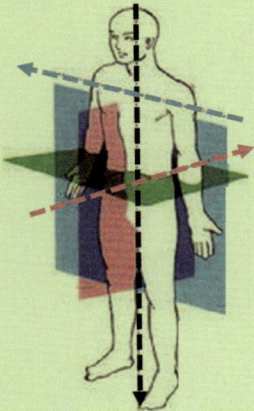

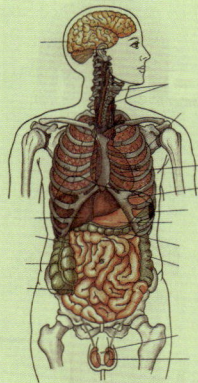

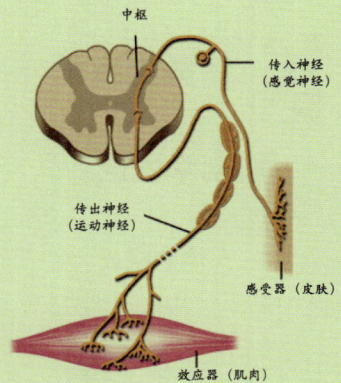

# 任务一　透视人体

## 我们的目标是……

- ◎ 掌握生命活动的基本特征
- ◎ 熟悉人体的结构和基本功能
- ◎ 了解机体活动的调节

## 我们的任务是……

- ◎ 学习人体结构和生命活动的特征

**现场直击布置任务**

　　人的身体结构到底是什么样的？这是《解剖学》要研究的。《解剖学》的研究对象是人体的各个部位。大家基本上都了解自己的身体。我们再一起大致了解一下吧！

一、解剖学基本知识有哪些？

二、人体有哪几大系统？它们分别有哪些器官？发挥哪些作用？

三、生命活动的基本特征有哪些？机体活动是如何调节的？

## 任务实施中……

## 一、解剖学概论

### 1. 人体的组成

　　人体结构和功能的基本单位是细胞，人体内细胞的形态和功能是多种多样的。许多形态相似、功能相近的细胞，借细胞间质结合在一起，构成组织。人体的组织有四大类，即上皮组织、结缔组织、肌组织和神经组织。几种不同的组织构成具有一定形态、完成一定功能的器官，如心、肺、肝、肾等。许多功能相关的器官连接在一起，完成某一方面的功能，构成系统。人体有运动系统、消化系统、呼吸系统、泌尿系统、生殖系统、脉管系统、神经系统和内分泌系统等，其中消化、呼吸、泌尿和生殖系统的大部分，都位于体腔内，并借一定的管道直接或间接与外界相通，故又总称为内脏。人体的器官系统虽都各有特定的功能，但它们在神经体液的调节下，相互联系，紧密配合，共同构成了一个完整统一的人体。

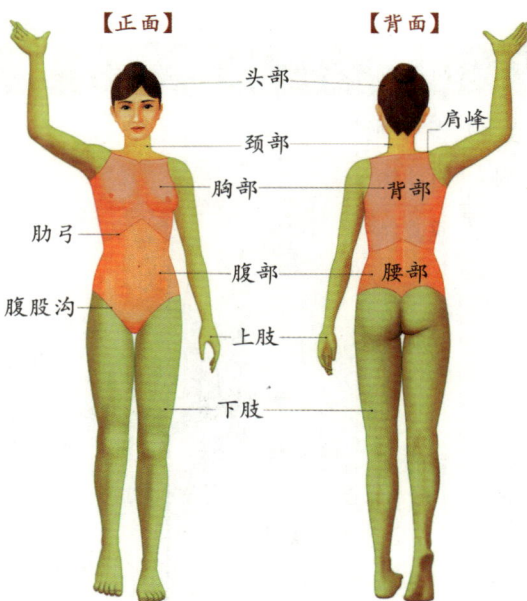

图 1-1　人体表区域的划分

### 2．身体的分区（体表）

正如我们的国土被分成不同地区一样，人体也有自己的分区，并且各个分区还有特定的名称。观察人体你会发现，人体的骨骼和肌肉也有凹凸，可以将人体分为不同的区域（图1-1），包括头部、颈部、上肢、下肢、胸部、腹部、背部和腰部。

### 3. 身体的分区（体腔）

人体内部有各种各样的脏器，把这些脏器摘除，就剩下了体腔。容纳脑的是颅腔，容纳脊髓的是椎管，容纳肺和心脏的是胸腔，容纳肝脏、胃、肠的是腹腔。盆腔位于小骨盆内（图1-2）。

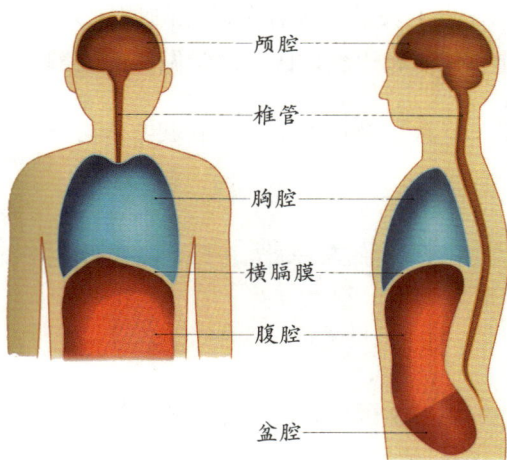

图 1-2　人体内的体腔

### 4. 表示人体剖面的用语

为了表示人体内部构造，解剖学中需要不同的轴和面。根据轴和面方向的不同，可以设计为3种轴和3种面，即矢状轴、冠状轴和垂直轴，矢状面、冠状面和横断面（表1-1）。

表 1-1　表示人体剖面的术语——轴和面

| 轴和面 | | 内容说明 | |
|---|---|---|---|
| 轴 | 矢状轴 | 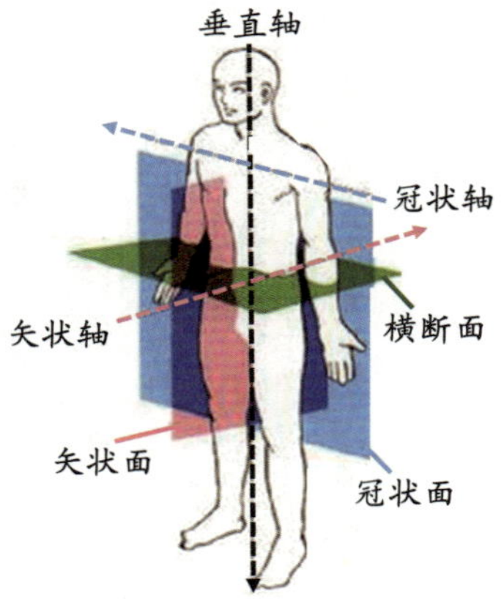 | ● 矢状轴是身体前后方向的水平线 |
| | 冠状轴 | | ● 冠状（额状）轴是身体左右方向的水平线 |
| | 垂直轴 | | ● 垂直轴是身体上下方向垂直于水平线的垂线 |
| 面 | 矢状面 | | ● 矢状面是沿矢状轴方向所做的切面，它是将人体分为左右两部分的纵切面<br>● 若该切面通过人体的正中线，则叫做正中矢状面 |
| | 冠状面 | | ● 冠状（额状）面是沿冠状轴方向所做的切面，它是将人体分为前后两部分的纵切面 |
| | 横断面 | | ● 横断面（水平面）为沿水平线所做的横切面，它将人体分为上下两部分，与矢状面和冠状面相垂直<br>● 器官的切面一般不以人体的长轴为准，而以其本身的长轴为准，即沿其长轴所做的切面叫纵切面，而与长轴垂直的切面叫横切面 |

5. 表示人体方位的术语

为了表示人体各个部位的位置关系，有专门表达与身体关系的专业术语（图1-3）。让我们一起边念口诀，边学做标准的解剖学姿势。

口诀：身体直立，上肢放身体两侧，手掌朝向前方，双足并立，足尖朝前。

## 二、人体各大系统的结构和功能

### （一）运动系统

运动系统由骨、骨连结和骨骼肌三部分组成。

1. 骨骼

骨和骨连结构成骨骼（图1-4~图1-6及表1-2）。人体骨骼及其多种类型的关节和肌肉系统密切连接，它提供一个坚硬的杠杆支架和稳定的框架允许肌肉做大量的运动。骨骼在功能上与心血管系统也是一个整体，从骨髓中输出新鲜的血细胞进入血液。健康的饮食和适量的锻炼，可以减少许多骨和关节疾病发生的风险。

外侧 内侧 外侧

前和后
描述身体前后方向
时，前侧为腹侧，
后侧为背侧。

腹侧 背侧

**内侧与外侧**
离身体正中面最近
的位置叫内侧，较
远的位置叫外侧。

近侧

远侧

**桡侧与尺侧**
描写上肢结构时，因为
前臂尺、桡骨并列，
尺骨在内侧，桡骨在
外侧，故可用尺侧替
代内侧，用桡侧替代
外侧。

尺侧 桡侧

**掌侧和背侧**
描述手掌时，手掌
一侧为掌侧，手背
一侧为背侧。

掌侧 背侧

近侧

**近侧与远侧**
四肢中靠近躯干根
部为近侧，而相对
距离较远或末端的
部位为远侧。消化
管等靠近开始的部
位为近侧，相反的
一侧为远侧。

胫侧 腓侧

**胫侧与腓侧**
下肢小腿部有胫骨、腓
骨并列，胫骨在内侧，
腓骨在外侧，故可用胫
侧和腓侧称之。

**内与外**
表示某些结构和腔
的关系，腔里为
内，腔外为外。
**上与下**
头居上，足在下

**浅与深**
靠近体表的部位叫
浅；相对于浅居于
内部的部位叫深。

远侧

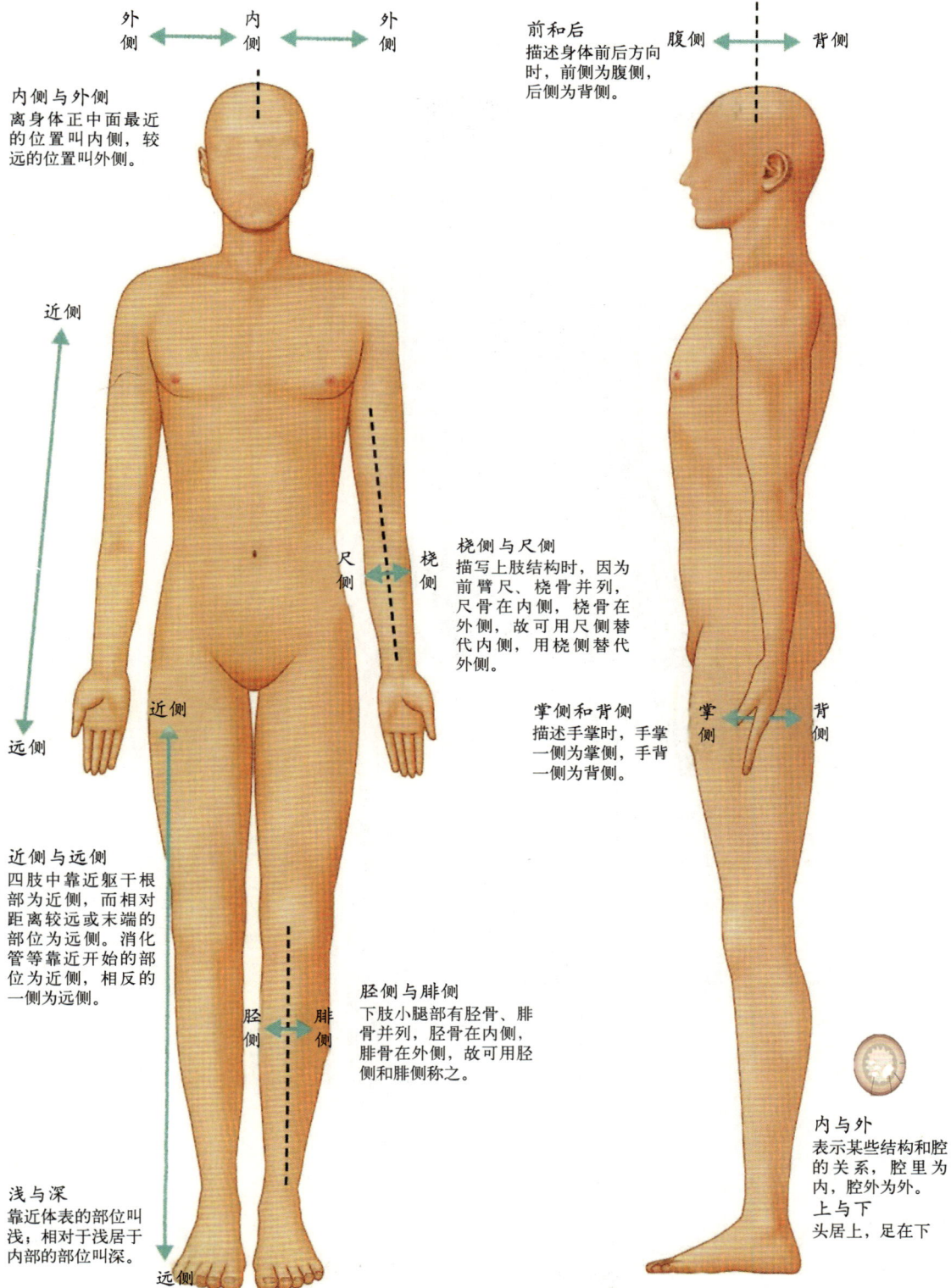

**图1-3 人体方位的术语**

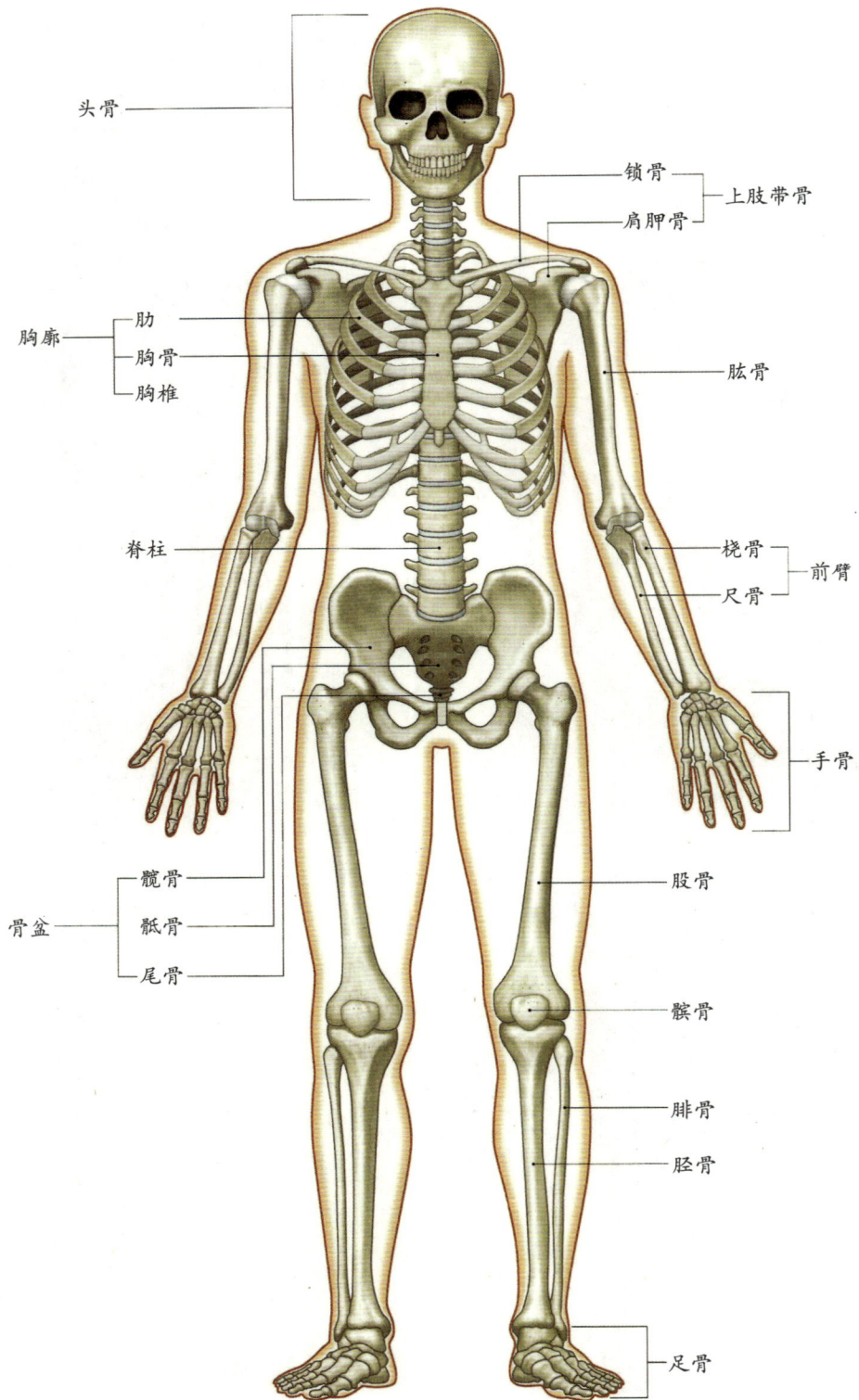

头骨

锁骨
肩胛骨
上肢带骨

胸廓
肋
胸骨
胸椎

肱骨

脊柱

桡骨
尺骨
前臂

手骨

髋骨
骶骨
尾骨
骨盆

股骨

髌骨

腓骨

胫骨

足骨

图 1-4　人体骨骼（正面）

颅骨

锁骨

肩胛骨

肱骨

肋骨

桡骨

尺骨

手骨

髋骨

股骨

胫骨

腓骨

颈椎

胸椎

腰椎

骶骨

尾骨

脊柱

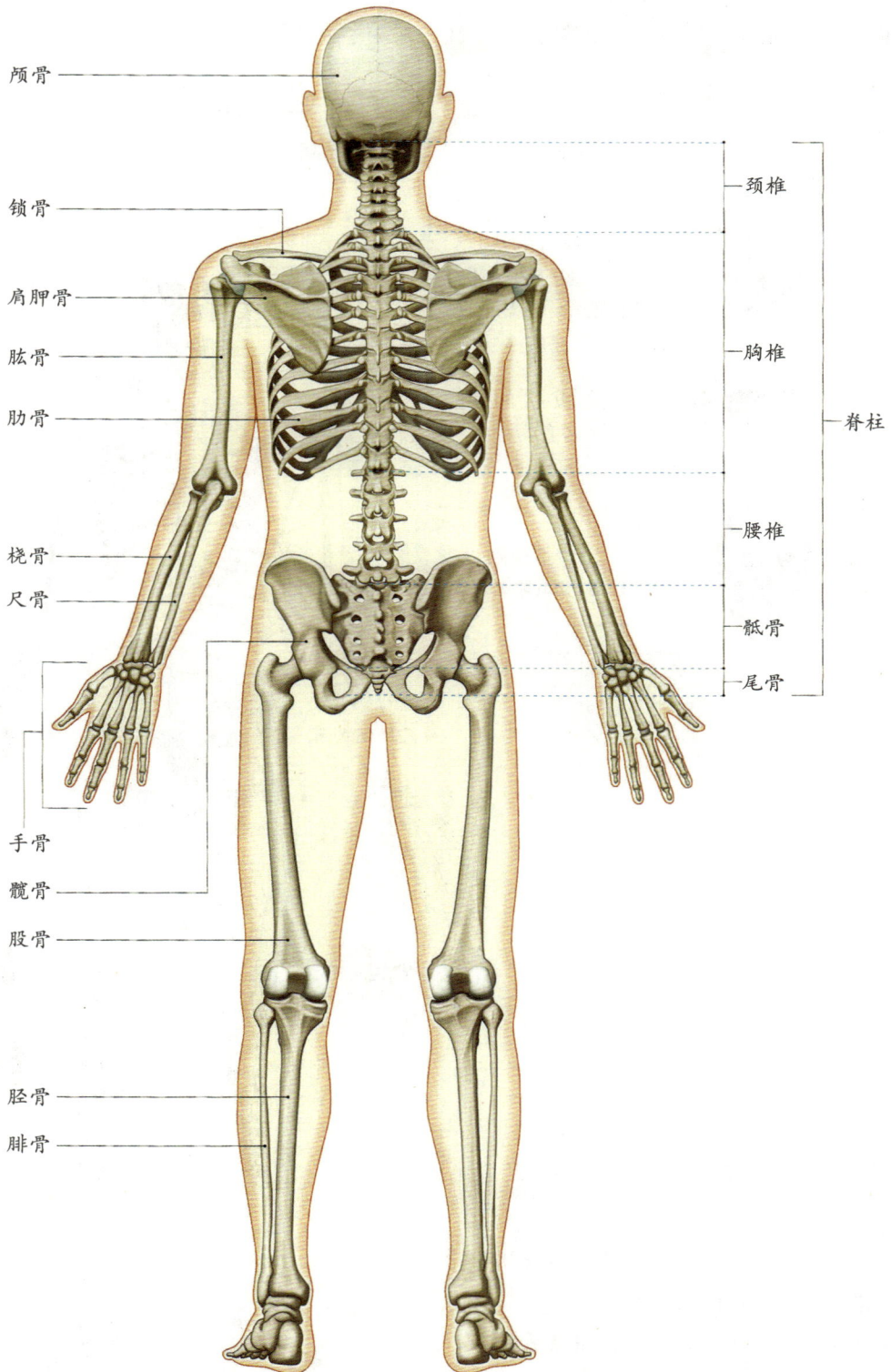

图 1-5　人体骨骼（背面）

表 1-2　骨骼的形状区别

| 形状 | 图形 | 特点 |
|------|------|------|
| 长骨 | | 主要存在于四肢，呈细长管状 |
| 短骨 | | 石头样的块状骨头，多分布于手骨和足骨 |
| 扁骨 | | 呈板状的骨头，大多有弯曲 |
| 不规则骨 | | 外形不规则，如椎骨和颞骨等 |

链接一下

人体共有206块骨头。其中，颅骨29块，躯干骨51块，四肢骨126块。

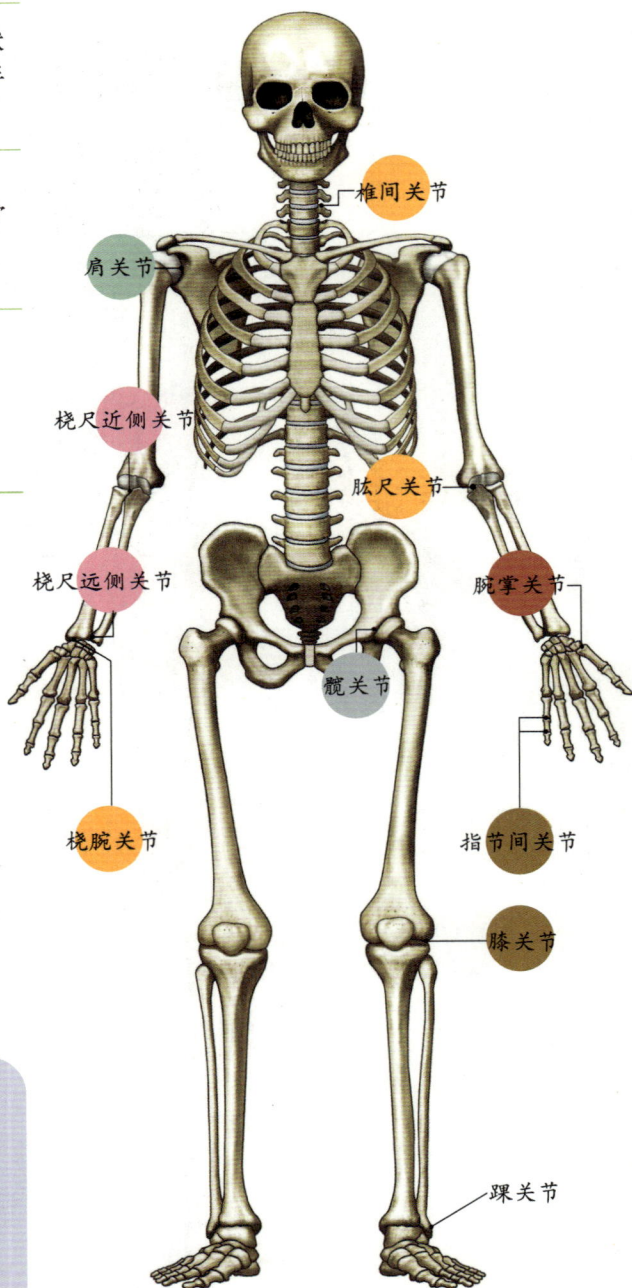

图 1-6　人体主要关节

链接一下

骨与骨之间借纤维结缔组织、软骨或骨相连，形成的结构叫骨连结。骨连结中有一种可活动骨连结，叫做关节，人体共有78个关节。

## 2. 骨骼肌

人体有600多块骨骼肌，骨骼肌由肌腹和肌腱构成（图1-7与图1-8）。根据外形，可分为长肌、短肌、扁肌、轮匝肌。通过肌群之间的相互协调可产生各种各样的活动，骨骼肌能使机体产生运动。但是，如果没有神经系统的刺激，肌肉将失去其作用。肌肉疾病虽然不多，但它却非常容易受到损伤。

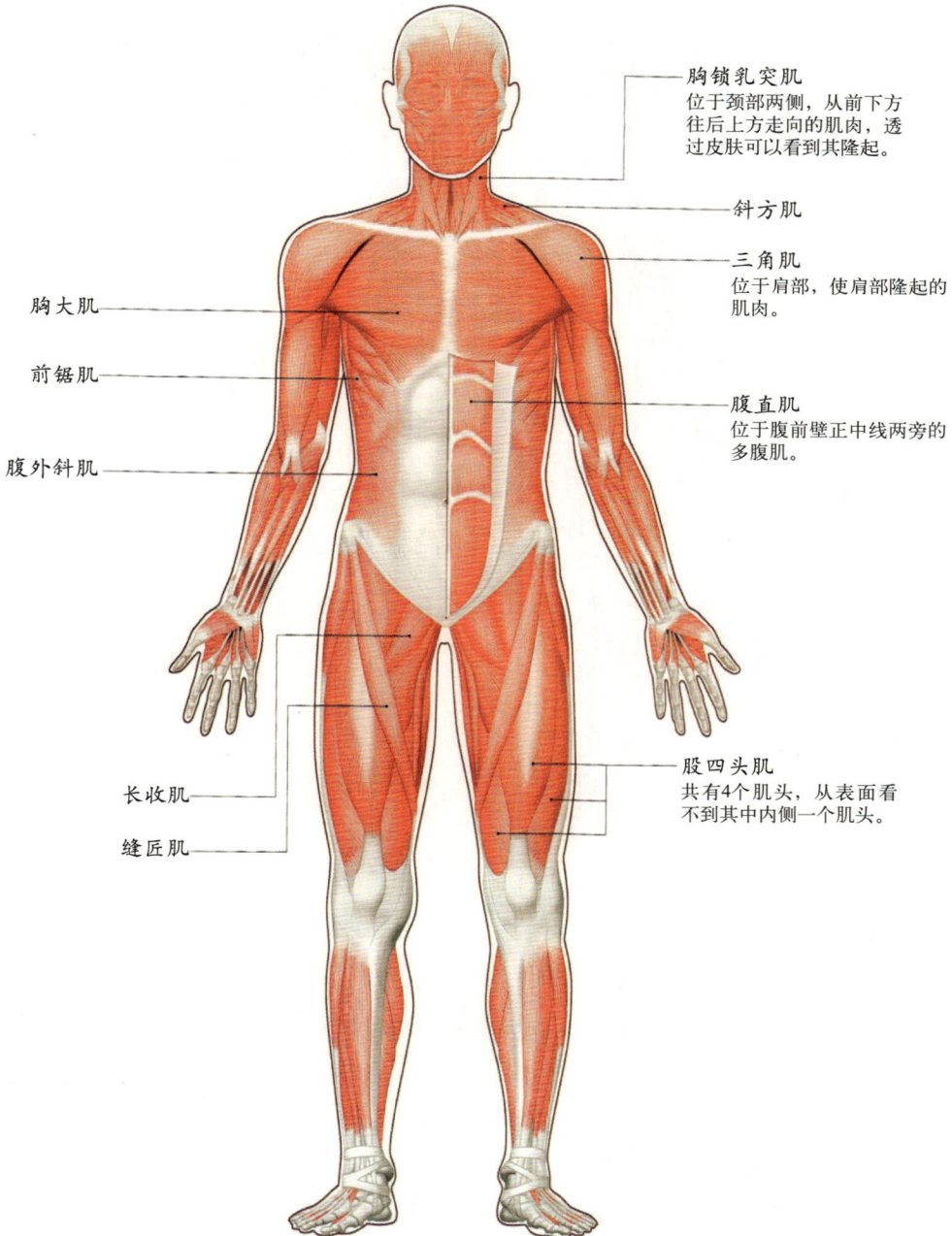

胸锁乳突肌
位于颈部两侧，从前下方往后上方走向的肌肉，透过皮肤可以看到其隆起。

斜方肌

三角肌
位于肩部，使肩部隆起的肌肉。

胸大肌

前锯肌

腹外斜肌

腹直肌
位于腹前壁正中线两旁的多腹肌。

长收肌

缝匠肌

股四头肌
共有4个肌头，从表面看不到其中内侧一个肌头。

图 1-7　人体主要骨骼肌（正面）

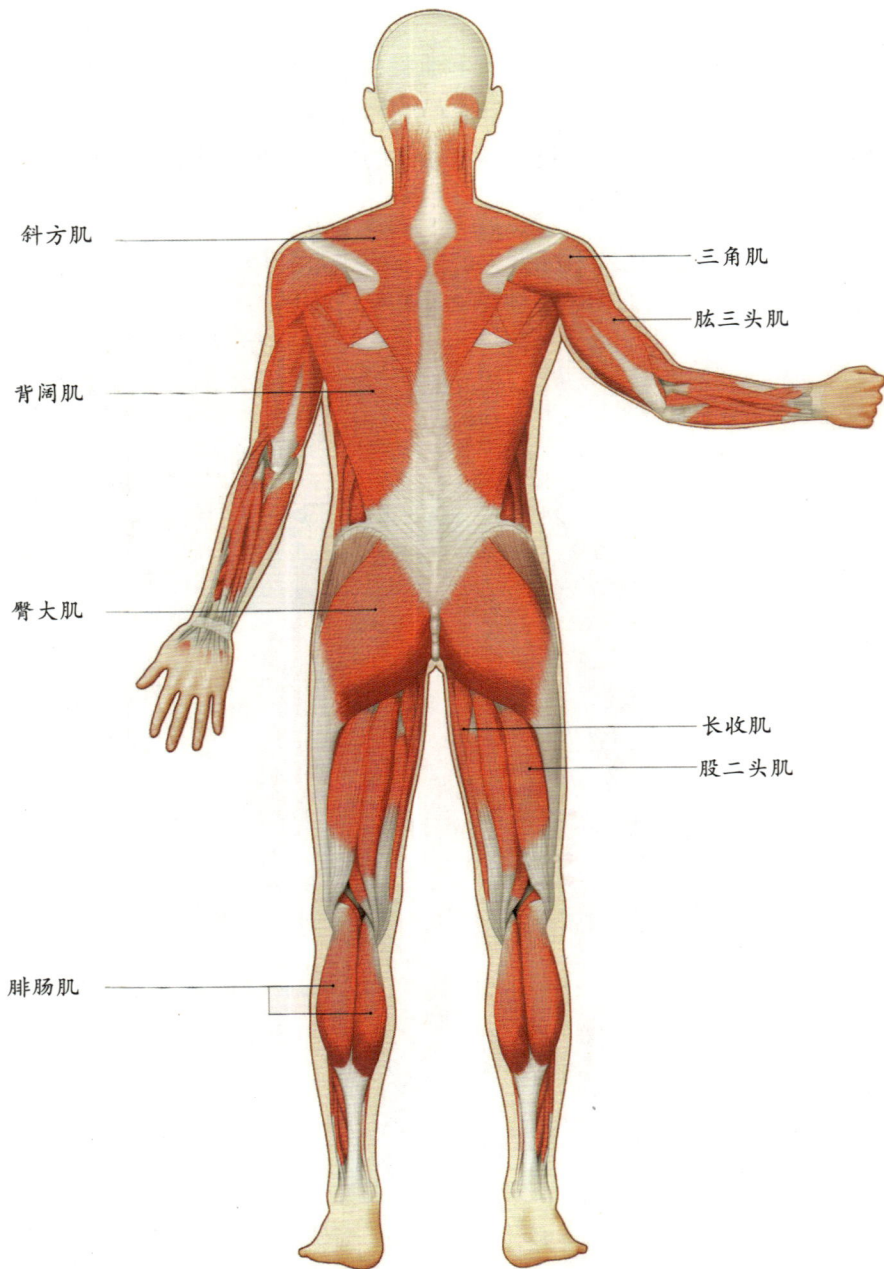

斜方肌

三角肌

肱三头肌

背阔肌

臀大肌

长收肌

股二头肌

腓肠肌

图1-8　人体主要骨骼肌（背面）

## （二）消化系统

　　人们对消化系统更为关注和重视，因为它比其他系统会发出更多的信号，比如饥饿、口渴、排气及排便。规律饮食是消化系统健康的基石。那么，人咀嚼、吞咽的食物去哪里了？它们被体内哪些器官消化吸收了？让我们一一认识它们。

消化系统由消化管和消化腺组成，消化管自口腔至肛门，是一条长而迂曲的管道，包括口腔、咽、食管、胃、小肠（十二指肠、空肠、回肠）和大肠（盲肠、阑尾、结肠、直肠和肛管）（图1-9）。临床上常把从口腔到十二指肠这段消化管称为上消化道，空肠以下的消化管称为下消化道。消化腺包括口腔腺、肝、胰及消化管壁内的小腺体，它们都开口于消化管。

## （三）呼吸系统

新生儿啼哭着来到人世，这就表明其已经开始呼吸了。呼吸系统将空气中的氧气运送到血液，再由心血管系统运送到全身各处。空气经常被灰尘颗粒、有害的微生物、过敏源、刺激物和致癌化学物质污染，从而对呼吸系统造成损害，所以呼吸系统的疾病成为所有疾病中最常见的一类。下面让我们一起来探究人体呼吸的奥秘。

呼吸系统由呼吸道和肺组成，呼吸道是传送气体的管道，肺是气体交换的器官。呼吸道包括鼻、咽、喉、气管和左、右主支气管等器官。临床上通常以喉为界，将鼻、咽、喉三部分称为上呼吸道，而气管和左、右主支气管及其在肺内的分支称为下呼吸道（图1-10）。

肺左、右各一，位于胸腔内纵隔的两侧，左肺因肝的影响较粗短，右肺因心偏左面较狭长。

## （四）泌尿系统

泌尿系统的功能是清除人体细胞在代谢过程中产生的大量有害物质，它是通过肾将血液过滤和净化来完成的。另外，它

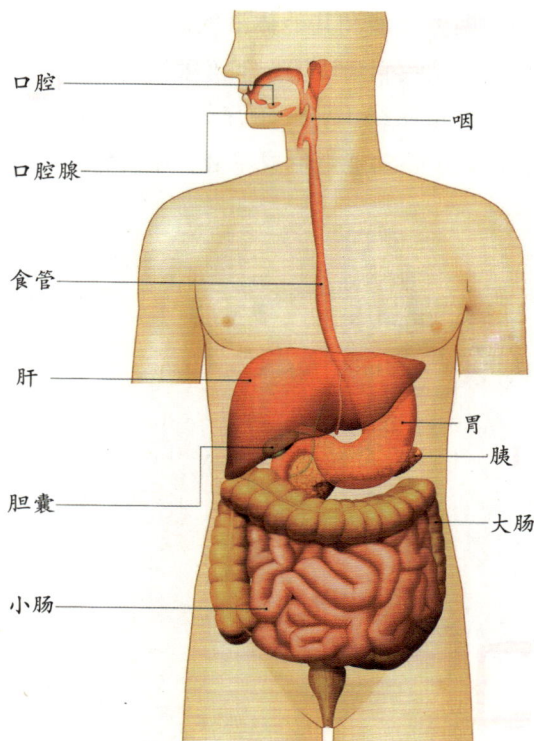

图 1-9　消化系统的组成

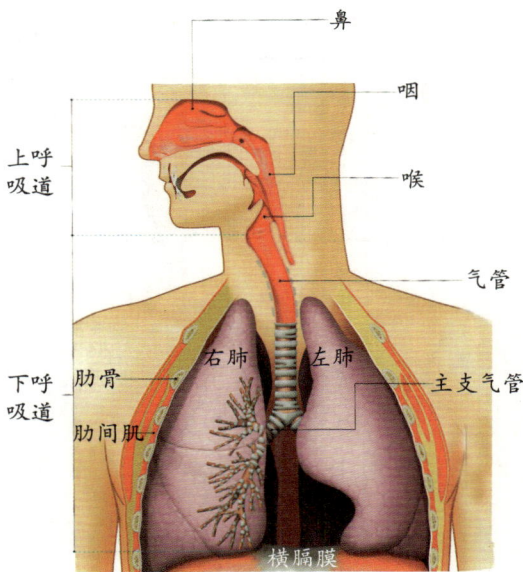

图 1-10　呼吸系统的组成

还能调节血液和其他体液的容量、酸碱度、电解质和化学成分，以维持体内正常的化学平衡。让我们来认识一下泌尿系统。

泌尿系统由肾、输尿管、膀胱和尿道组成（图1-11）。肾是泌尿系统中最主要的器官，其主要功能是形成尿液。尿液经输尿管输送到膀胱暂存，最后经尿道排出体外。

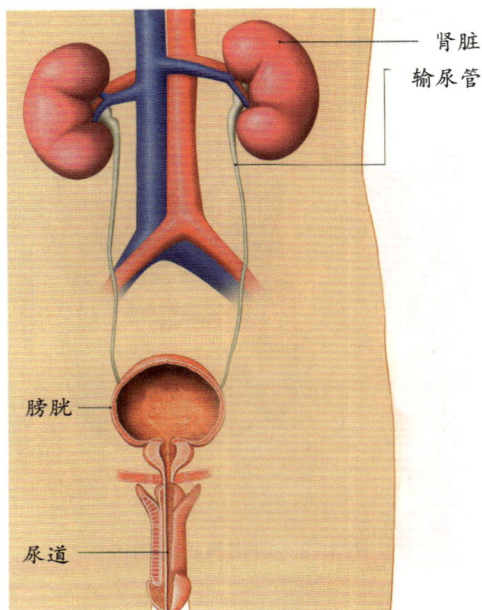

图 1-11　泌尿系统的组成

### （五）生殖系统

自然界的生物都是有生命的，它们可以通过繁殖来延续物种。人的生命是由男性精子和女性卵子结合成受精卵，而后在母体腹中孕育至出生的。让我们通过学习，来了解人类生殖的奥秘。

生殖系统包括男性生殖系统和女性生殖系统（图1-12～图1-14），具有产生生殖细胞、繁殖新个体和分泌性激素等功能。

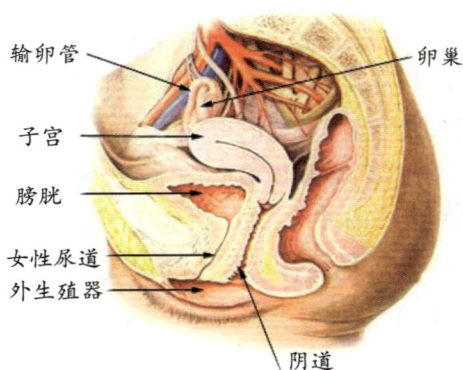

图 1-13　女性生殖系统的组成

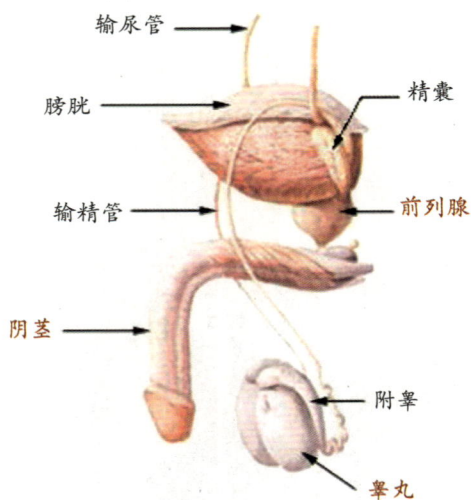

图 1-12　男性生殖系统的组成

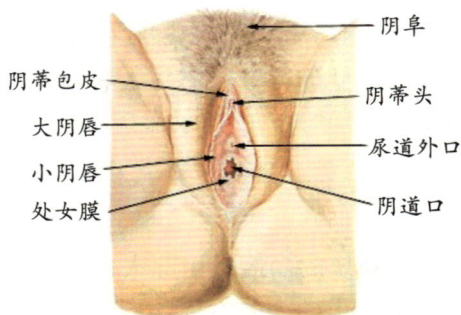

图 1-14　女性外生殖器结构

男、女生殖系统的所属器官，按部位都可分为内生殖器和外生殖器两部分。内生殖器位于体内，包括产生生殖细胞并分泌激素的生殖腺，输送生殖细胞的管道有附属腺，外生殖器露于体表，是交接器官。男女生殖系统组成如下：

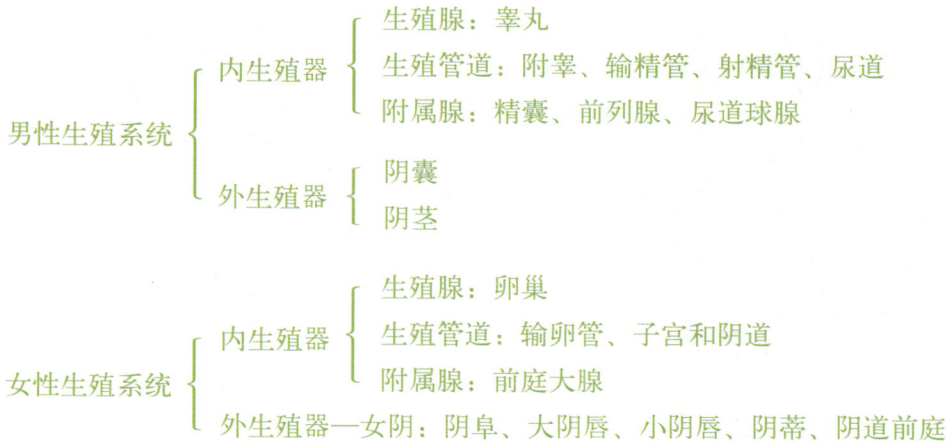

男性生殖系统
- 内生殖器
  - 生殖腺：睾丸
  - 生殖管道：附睾、输精管、射精管、尿道
  - 附属腺：精囊、前列腺、尿道球腺
- 外生殖器
  - 阴囊
  - 阴茎

女性生殖系统
- 内生殖器
  - 生殖腺：卵巢
  - 生殖管道：输卵管、子宫和阴道
  - 附属腺：前庭大腺
- 外生殖器——女阴：阴阜、大阴唇、小阴唇、阴蒂、阴道前庭

## （六）脉管系统

感到心脏的跳动、摸到血管的搏动——心血管系统深深地影响着我们。心脏是最强有力的"泵"，动脉相当于"热水管道"，毛细血管相当于各房间的"暖气片"，静脉相当于"回水管道"。若是发生"交通阻塞"，细胞就会缺氧"闷死"了，代谢垃圾堆满细胞内外，机体就不能正常工作了。很神奇吧！下面就让我们进入这个"高速运输网络"。

脉管系统由一系列封闭和连续的管道构成，包括心血管系统和淋巴系统两部分（图1-15～图1-17）。心血管系统中流动着血液，淋巴系统中流动着淋巴，淋巴最终注入心血管系统。

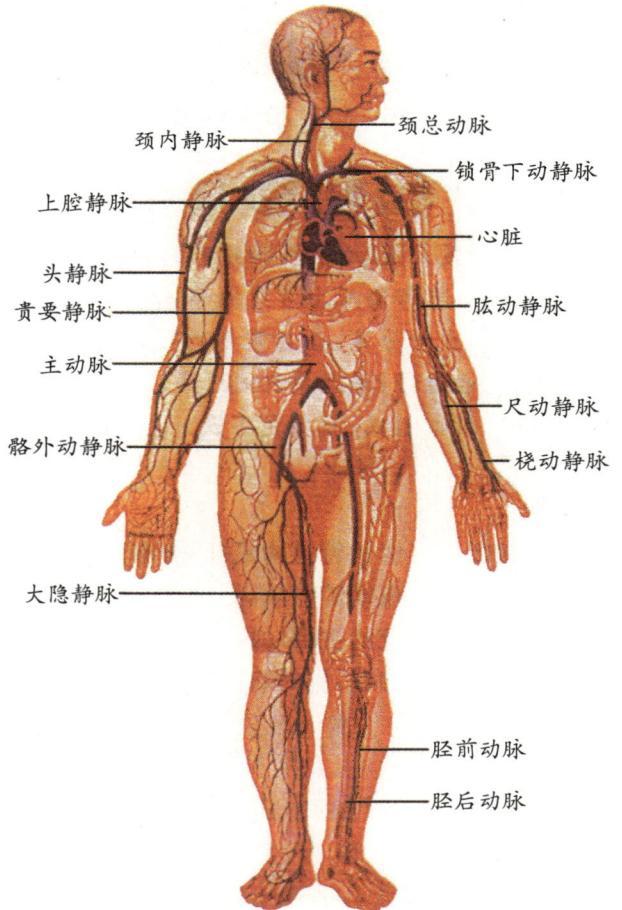

颈内静脉
颈总动脉
锁骨下动静脉
上腔静脉
心脏
头静脉
贵要静脉
肱动静脉
主动脉
尺动静脉
髂外动静脉
桡动静脉
大隐静脉
胫前动脉
胫后动脉

图 1-15　全身主要的血管

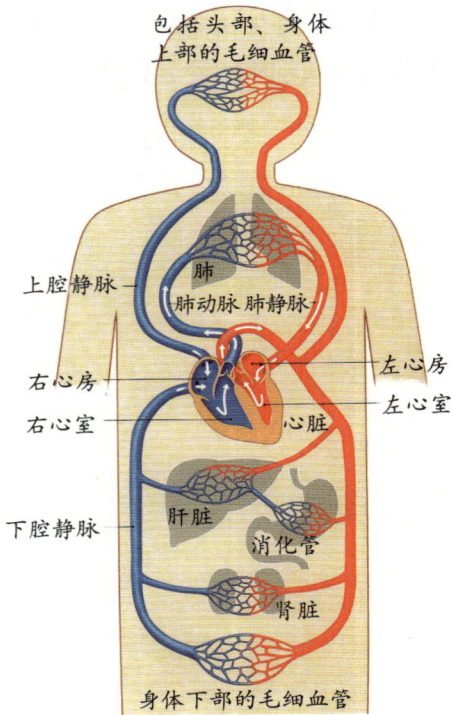

图 1-16　人体血液循环示意图

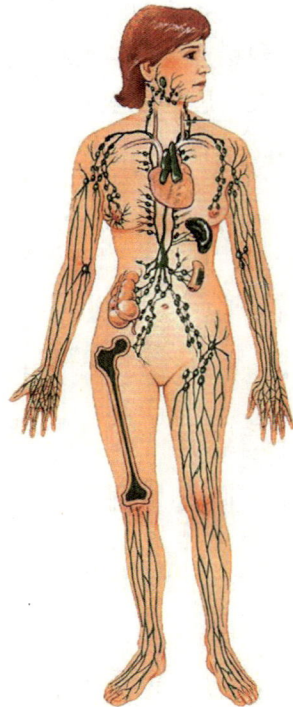

图 1-17　人体淋巴系统

## （七）神经系统

在某些方面，人脑就像一台计算机。然而，除了具有符合逻辑的程序以外，人脑还有复杂的生长发育、学习、思想、情绪和创造力等功能。脑和全身错综复杂的神经网络，每秒钟都通过数以百万计的化学和电的信号。神经组织是非常娇嫩的，需要确实的保护和可靠的血液供应。一旦损伤，修复将十分困难和缓慢，甚至不可能。

神经系统由脑和脊髓及分别与之相连的脑神经和脊神经组成（图1-18～图1-21），其分类如下：

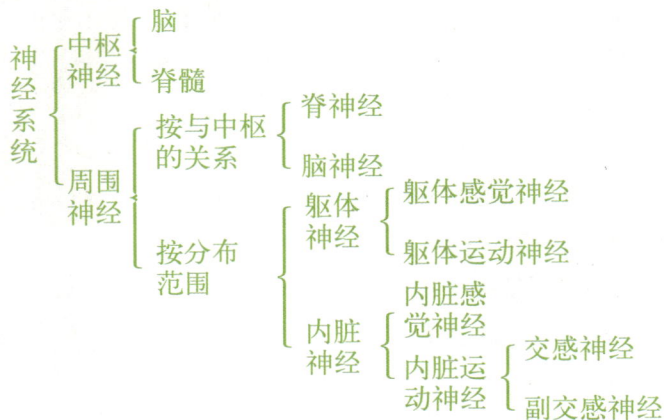

神经系统借助感受器，接受体内、外环境的各种刺激，引起各种反应，它一方面协调各器官系统的活动，使人体成为一个完整的机体；另一方面使人体适应不断变化的外界环境。因此，神经系统在人体生命活动调节中起着主导作用。

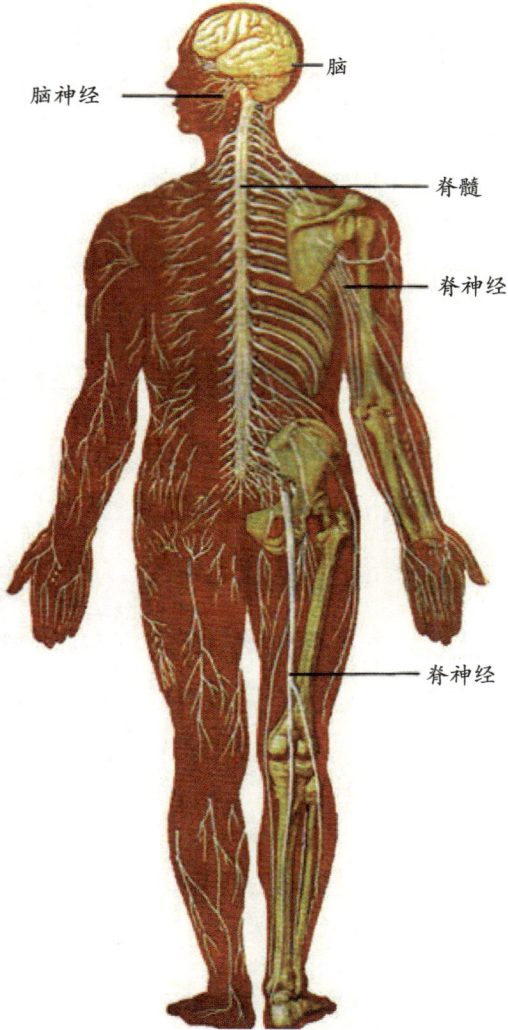

图 1-18 神经系统的组成

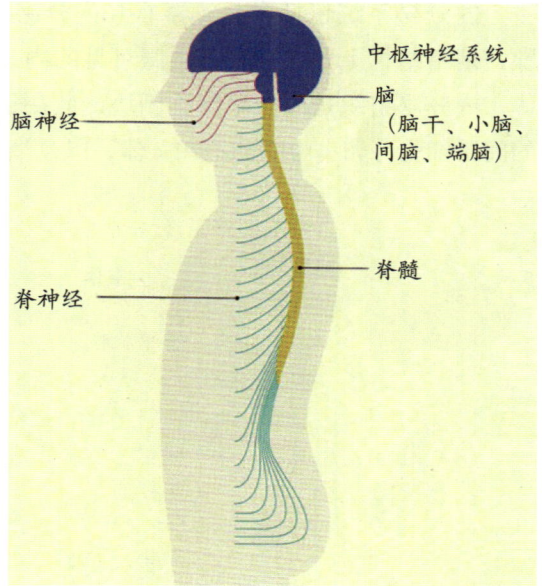

图 1-19 神经系统的分类

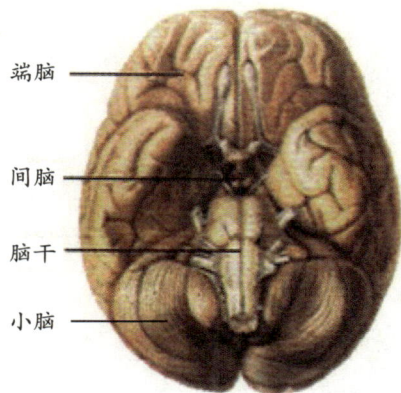

图 1-20 脑的底面

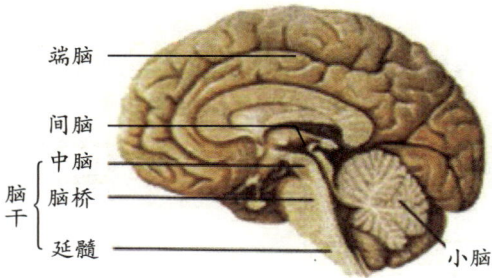

图 1-21 脑的侧面

## （八）内分泌系统

进入青春期后，你会发现自己及身边的同龄人长高了，喉结、胡须和乳房等第二性征出现了，但也有身材特别高大或矮小的，这都与体内分泌的激素有关。内分泌系统同样参与人体的各种信息活动。激素携带着具有远程调节作用的信息，控制着机体生长发育。

内分泌系统包括内分泌器官和内分泌组织两部分（图1-22），内分泌器官即内分泌腺，是指结构上独立存在、肉眼可见的内分泌器官，如甲状腺、甲状旁腺、肾上腺和垂体，内分泌组织是内分泌细胞团块，散在于其他器官组织中，如胰腺中的胰岛、睾丸中的间质细胞、卵巢中的卵泡和黄体，以及消化管壁内的内分泌细胞等。

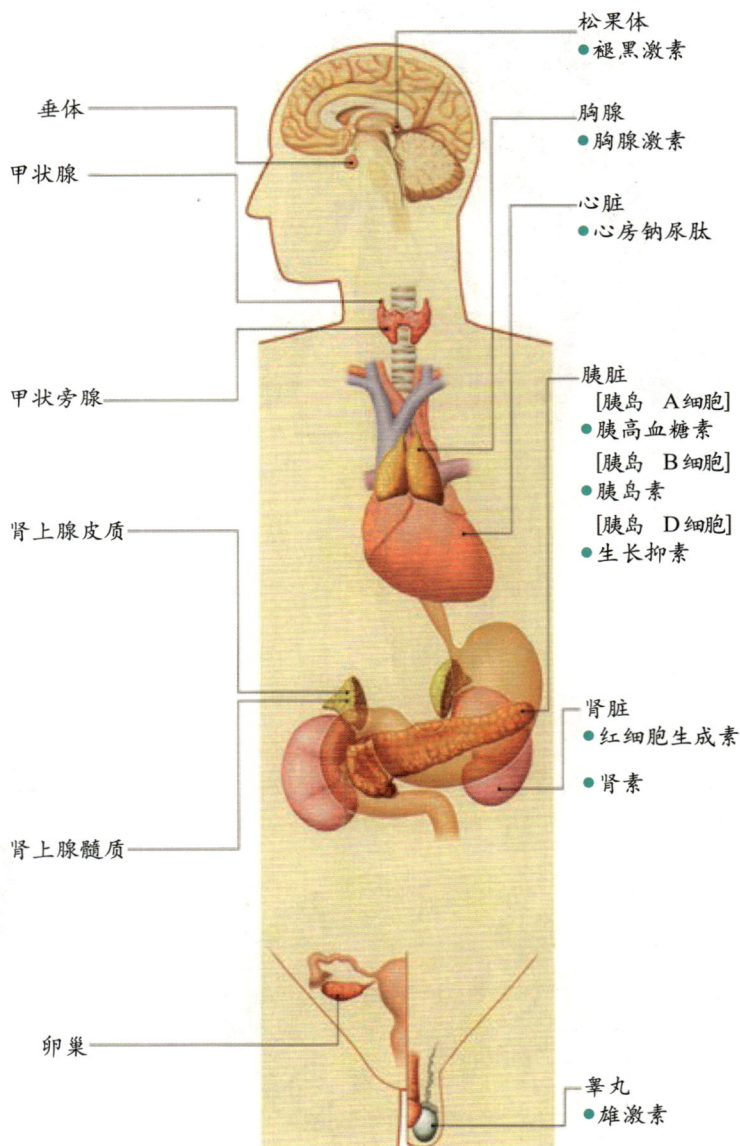

图1-22　人体内分泌腺及其分泌的激素

### 链接一下

激素是内分泌细胞分泌的一种化学物质。通过血液运输到身体其他组织中，作用于特定的器官，具有特定的功能。

# 我是人体小画家

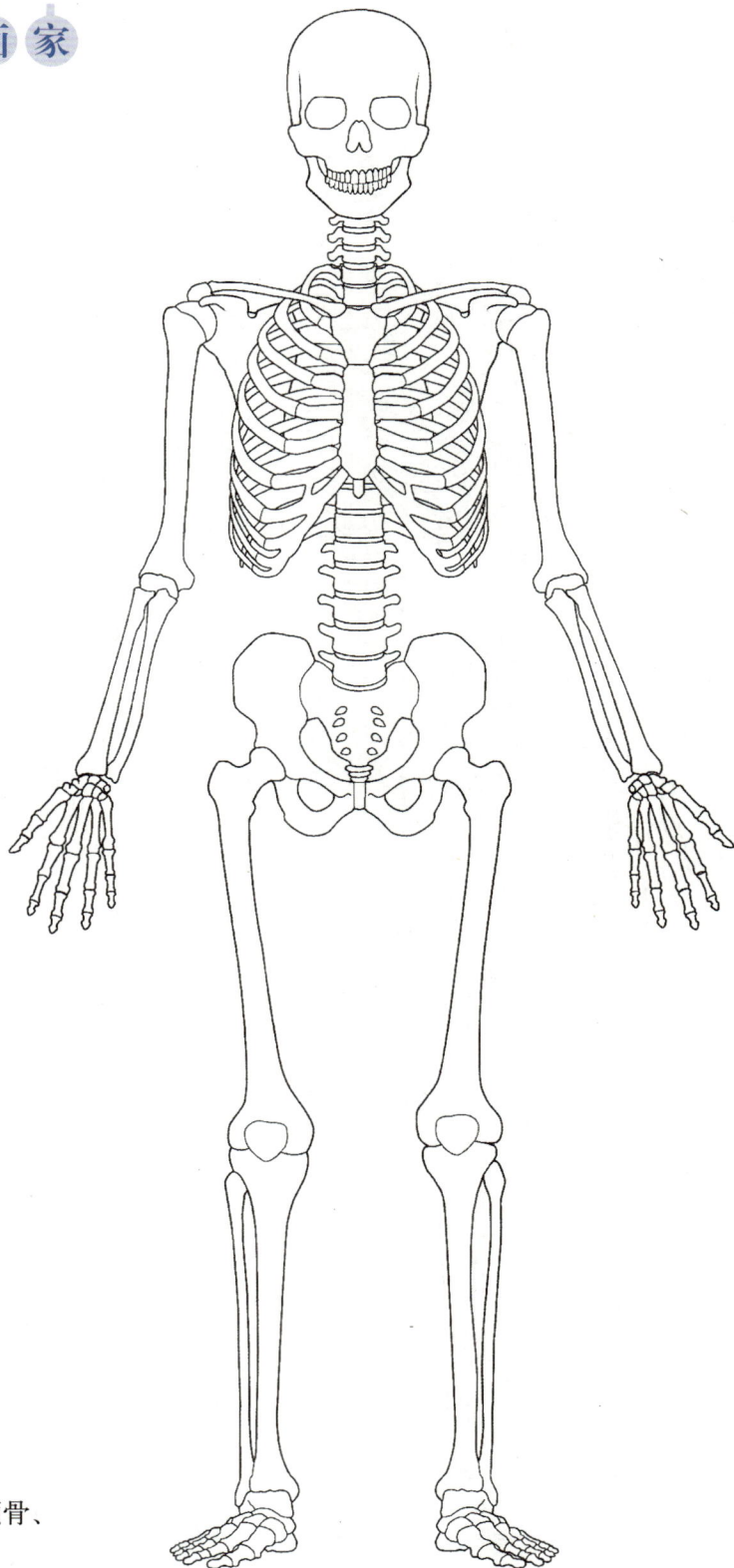

**全身的骨骼（正面）:**
　　试用不同颜色标识出颅骨、
脊柱、上肢骨、下肢骨。

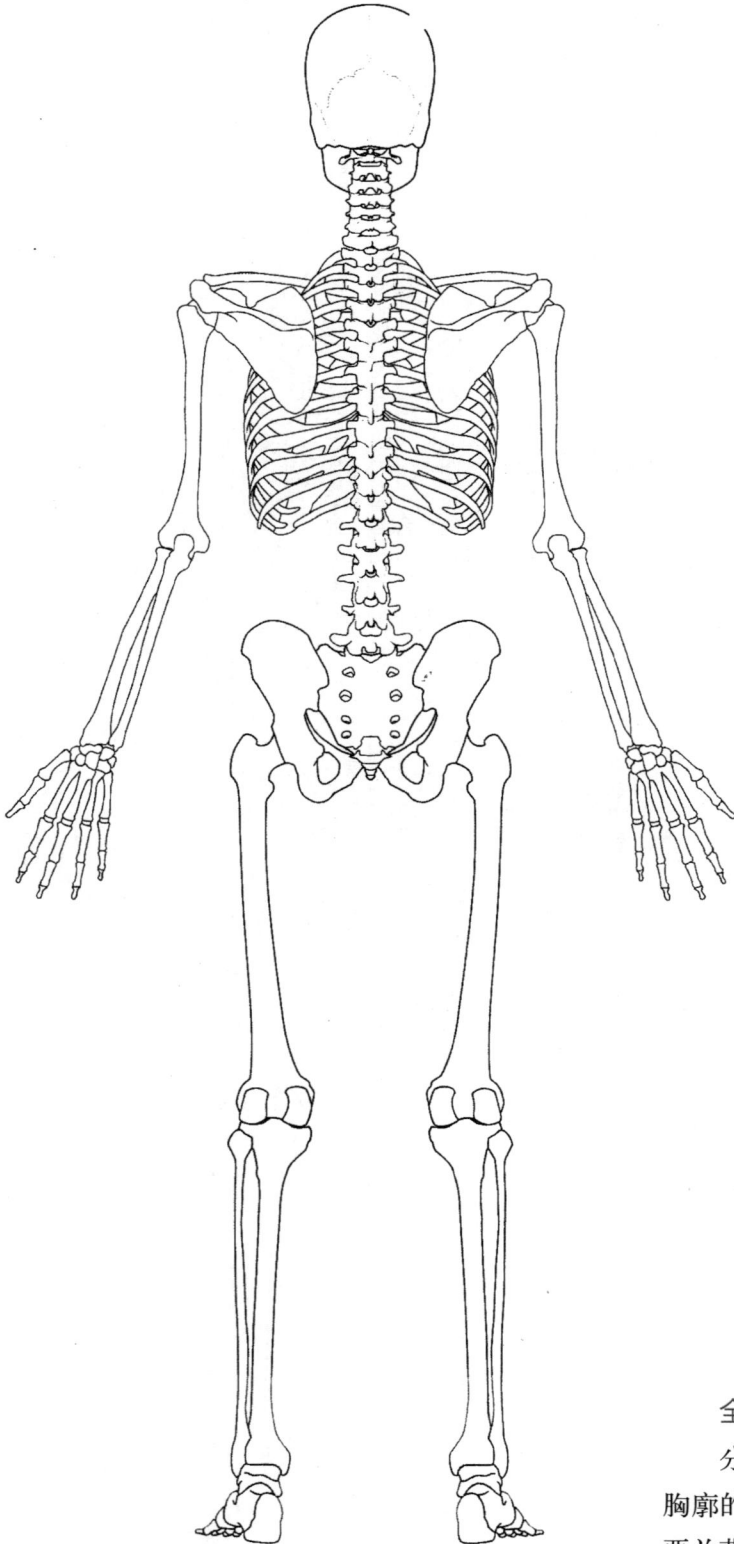

全身的骨骼（背面）：

分别标出构成上肢、下肢、胸廓的骨骼；试着标出人体的主要关节。

( 　　　 )

( 　　　 )

( 　　　 )

( 　　　 )

( 　　　 )

( 　　　 )

( 　　　 )

( 　　　 )

( 　　　 )

( 　　　 )

( 　　　 )

( 　　　 )

( 　　　 )

( 　　　 )

人体器官的位置（正面）：

请在括号内填上所指器官的名称。

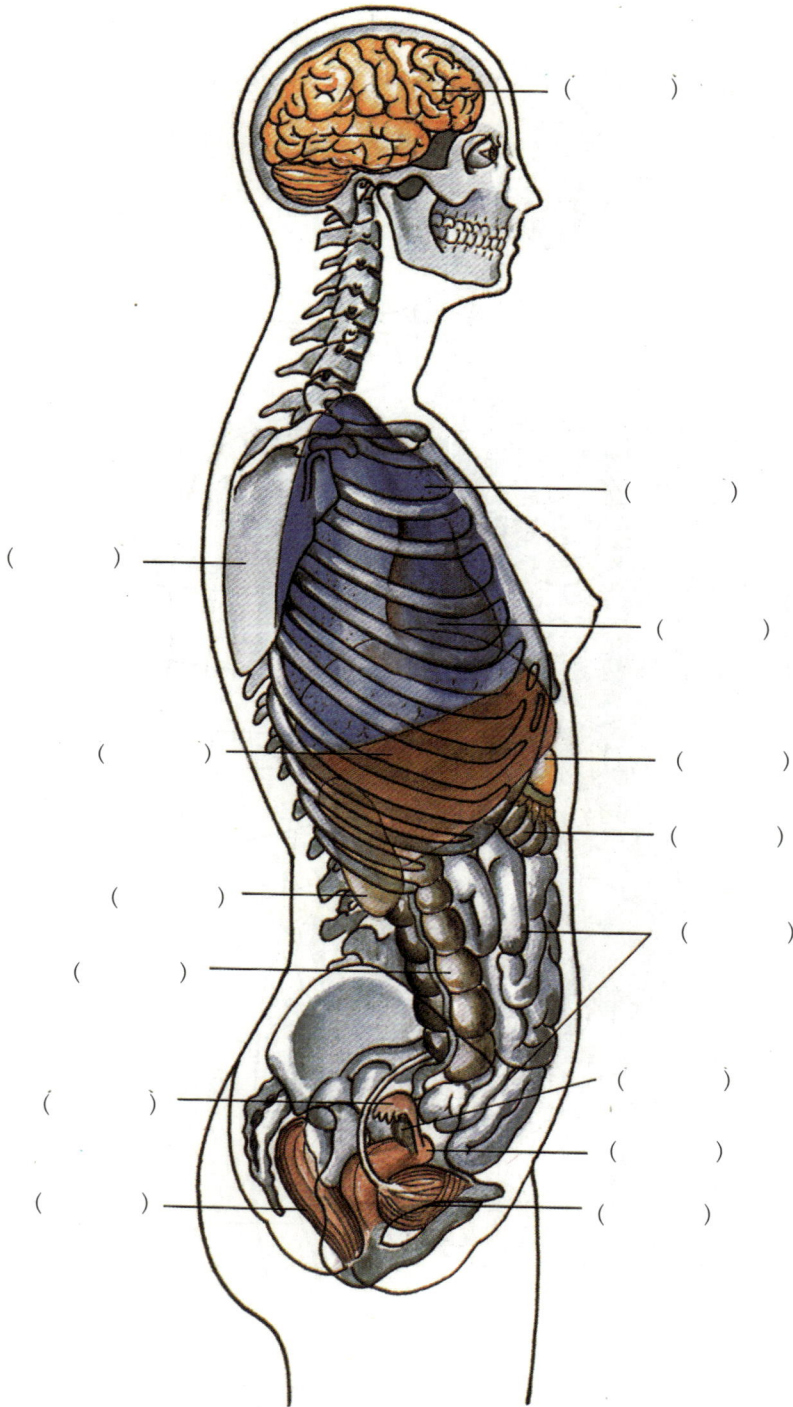

（　　　　）

（　　　　）

（　　　　）

（　　　　）

（　　　　）

（　　　　）

（　　　　）

（　　　　）

（　　　　）

（　　　　）

（　　　　）

（　　　　）

（　　　　）

（　　　　）

人体器官的位置（侧面）：

请在括号内填上所指器官的名称。

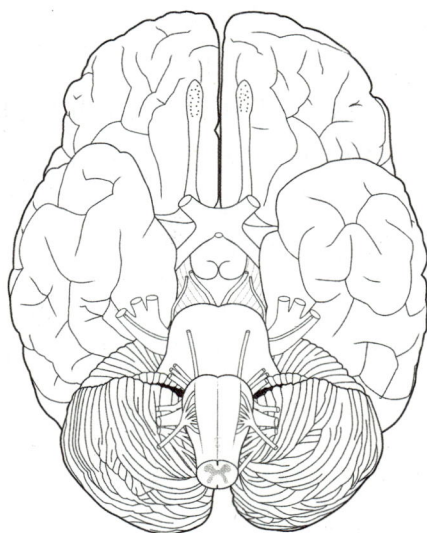

脑的底面

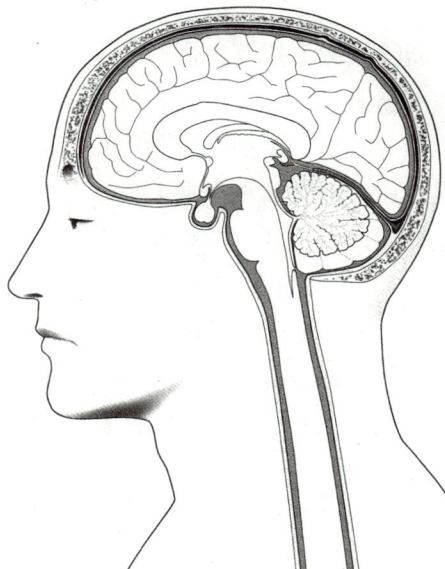

脑正中切面

标识出脑的各部位名称；用不同颜色分别涂出大脑、小脑和脑干。

**现场直击
布置任务**

人体各系统协同运作，每一个系统既完成各自重要的功能，又联合在一起共同运作以维持正常的生命活动，并进行精准的调节，以适应千变万化的环境。

一、生命活动有哪些基本特征？

二、机体的活动是怎样调节的？

## 三、生命活动的基本特征与机体活动的调节

### （一）生命活动的基本特征

有生命的个体在生存过程中表现出来的各种活动，称为生命活动，如呼吸、消化、排泄、血液循环和肌运动等，也包括思维、语言等心理活动。生命活动虽然多种多样，但至少包括三种基本活动，这就是新陈代谢、兴奋性与适应性。因为这些活动是活的生物体所特有的，可以认为是生命活动的基本特征。

### 1. 新陈代谢

新陈代谢是指有生命的个体与其周围环境之间不断进行物质交换和能量交换，进行自我更新的过程。新陈代谢包括同化作用和异化作用两个方面。机体从周围环境中不断摄取营养物质，并把这些营养物质转化为自身的物质，这一过程叫做同化作用，也称为合成代谢；同时又将自身的成分及摄入的一部分营养物质进行分解氧化，放出能量供自身生命活动的需要，并把物质分解氧化后产生的代谢产物不断地排出体外，这叫异化作用，也称为分解代谢。同化作用和异化作用是同一个新陈代谢过程的两个方面，二者紧密联系，缺一不可（图1-23）。

新陈代谢是生命的最基本特征。新陈代谢一旦停止，生命也就停止，所以说机体的一切功能活动都是以新陈代谢为基础的。

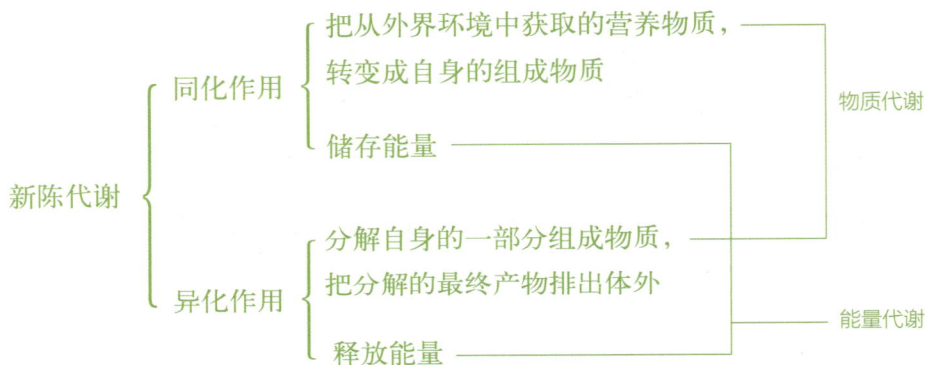

图 1-23 新陈代谢的过程

### 2. 兴奋性

机体能感受到刺激并产生反应的特征叫兴奋性。环境中存在各种各样的刺激因素，

🔗 链接一下

**护士在做肌内注射时，为何要"两快一慢"？**

刺激引起机体产生反应必须具备三个条件，即刺激强度、刺激持续时间和强度时间变化率。一般来说，这三个变量的值越大，刺激越强，反之刺激越弱。

临床上，护士在给患者进行肌内注射或皮下注射时，常遵循"两快一慢"的原则，即进针快、拔针快、推药慢。因为快进快出能缩短刺激的作用时间，推药慢能降低强度时间变化率，两者均可减弱刺激作用，从而减轻患者的疼痛。

如温度、光、电、机械的、化学的等。对这些因素的刺激，机体产生的反应形式有两种：兴奋——刺激后由静止变为活动，由弱活动变为强活动；抑制——由活动变为静止，由强活动变为弱活动。

机体具有兴奋性（图1-24），对各种刺激能发生不同的反应，这也是生命活动的基本特征。例如，遇到太热的东西，就要回避，否则会被烫伤、烧死；到春天，大地回暖，各种植物要发芽生长，冬眠的动物要觅食求生。

肌　　　　　　　　　腺体　　　　　　　　　神经

图1-24　可兴奋组织（细胞）

### 3. 适应性

生物体长期生存在某一特定的生活环境中，可以逐渐形成与环境相适应的、适合自身生存的反应模式，此种能力或特性称为适应性。适应性通过长期的自然选择、需要很长时间才能形成，由遗传物质决定。它是生物体与环境表现相适合的现象，具有相对性。人类的适应性表现为被动适应和主动适应。

## （二）机体活动的调节

### 1. 从细胞到系统

人体从组织结构上分为四个主要的部分：细胞、组织、器官和系统。通常将人体的一个系统看成是为完成一项重要任务而设计的部件集合。系统之间相互整合，相互依赖，它们又有各自的界限和组成。系统是由同一功能的多个器官构成的，组织则由一群结构相似、功能相同的细胞组成（图1-25）。

### 2. 机体生理功能的调节方式

人体各部分的功能活动之所以能够相互配合和协调，并且对复杂的环境变化产生恰如其分的反应，是因为人体具有完善的调节机制。通常将调节方式分为神经调节、体液调节和自身调节三种。

（1）神经调节：通过神经系统的活动，对生物体各组织、器官、系统所进行的调节。特点是准确、迅速、持续时间短暂。

神经调节的基本方式是反射，即在中枢神经系统参与下，机体对内外环境的刺激发生规律性的适应性反应，如缩手反射、瞳孔对光反射等。反射的结构基础是反射弧，由五部分组成：感受器、传入神经、中枢、传出神经和效应器（图1-26）。反射包括非条件

1．化学水平

分子（DNA）

2．细胞水平

心肌细胞

原子

3．组织水平

心脏
主动脉
下腔静脉

心肌组织

6．机体水平

4．器官水平

5．系统水平

心脏

循环系统

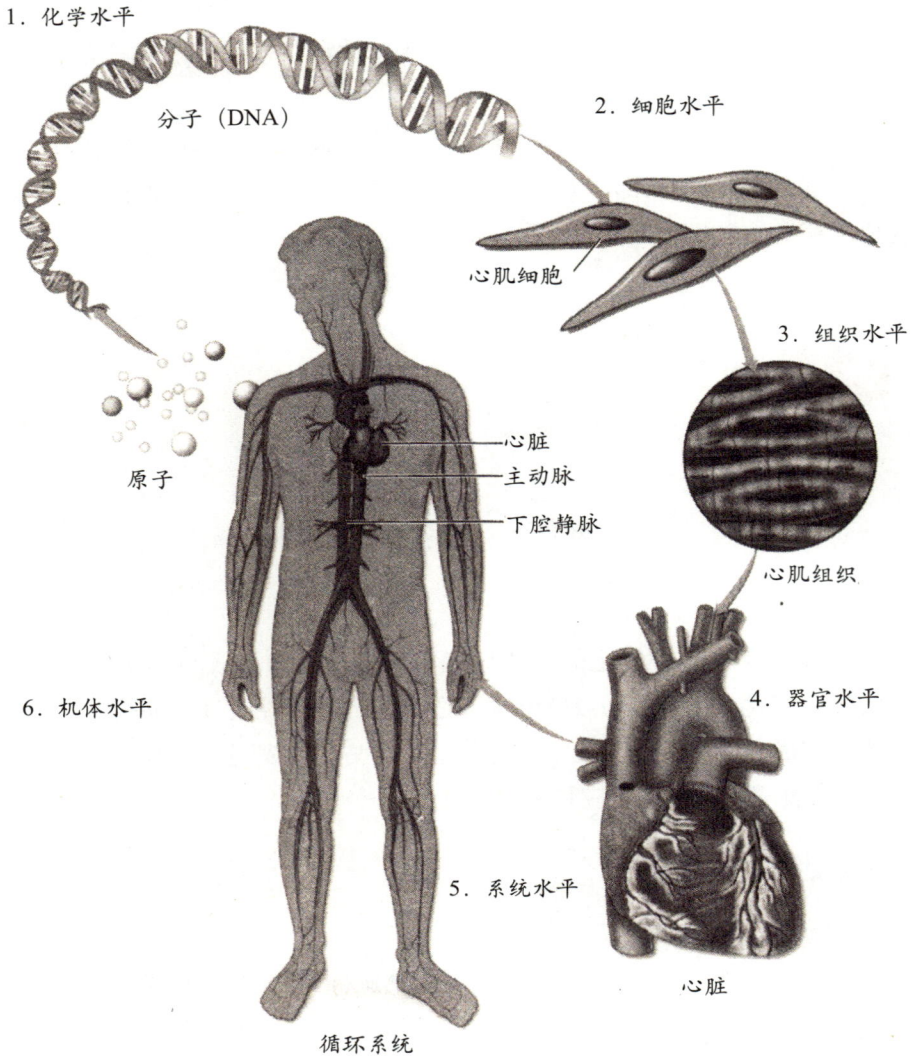

图1-25　人体细胞到结构系统

想一想

请以学过的其他系统为例，说说人体是怎样从细胞组成系统的。

反射和条件反射两种类型（表1-3）。

（2）体液调节：体内产生的一些化学物质（激素、代谢产物）通过体液途径（血液、组织液、淋巴液）对机体某些系统、器官、组织及细胞的功能起到调节作用。特点是作

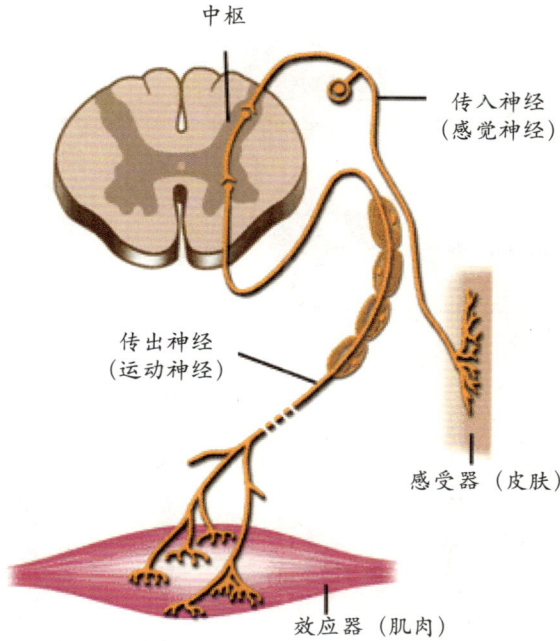

图 1-26 反射弧模式图

表 1-3 非条件反射与条件反射的比较

| 反射类型 | 形成 | 反射特点 | 神经联系 | 举例 |
|---|---|---|---|---|
| 非条件反射 | 与生俱来的先天性反射 | 反射中枢在大脑皮层以下 | 固定，不会消退 | 食物反射（如吃酸葡萄分泌唾液）、防御反射、膝跳反射等 |
| 条件反射 | 后天生活过程中逐渐形成的反射 | 大脑皮层的神经中枢参与 | 暂时，可以消退 | 看到或听说酸葡萄时分泌唾液……数量无限 |

用缓慢、持久而弥散（图1-27）。

（3）自身调节：组织和细胞在不依赖于神经和体液调节的情况下，自身对刺激发生的适应性反应过程。特点是调节幅度小（图1-28）。

### 3. 机体功能调节的控制系统

在机体功能的三种调节中具有自动化的特点，从控制论的角度来看，体内存在着数以千计的自动控制系统。自动控制系统的特点是控制部分与受控部分之间存在着双向的信息联系，形成一个"闭环"回路，控制系统有正反馈和负反馈（表1-4和图1-29）。

松果体

副甲状腺

脑下垂体

前叶

后叶

甲状腺

胸腺

胃

卵泡

肾上腺

胰腺
(胰岛)

内分泌
细胞

黄体

精母细胞

卵巢

睾丸

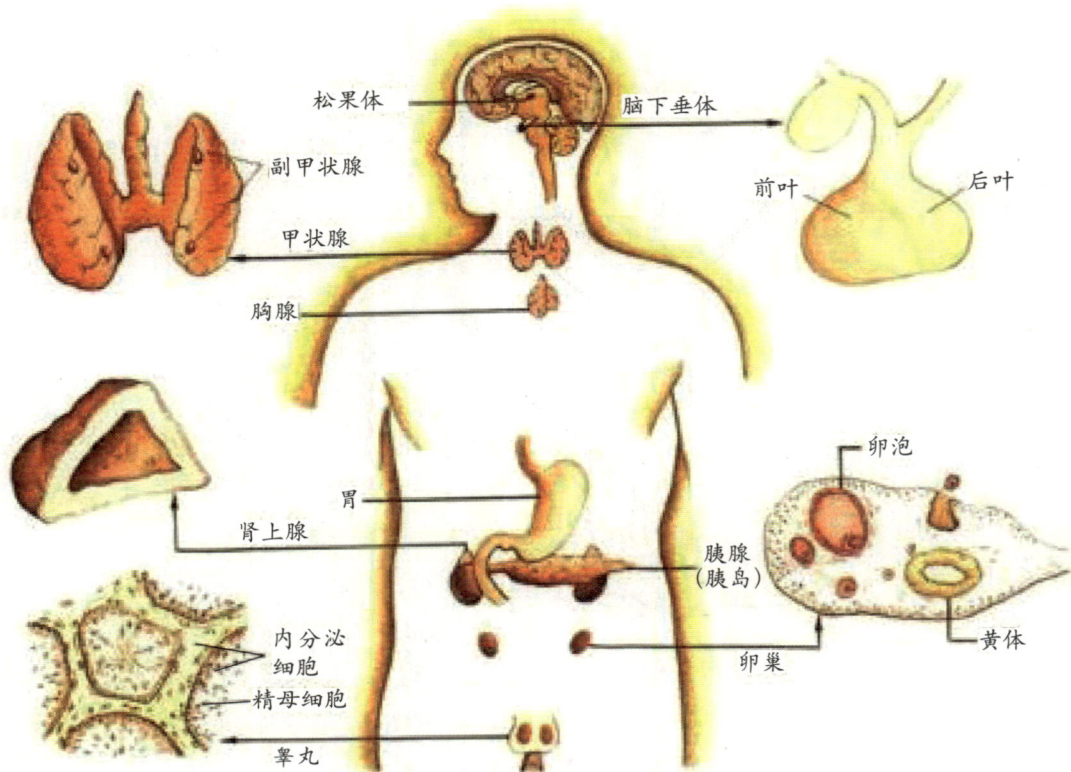

图 1-27　人体主要内分泌腺

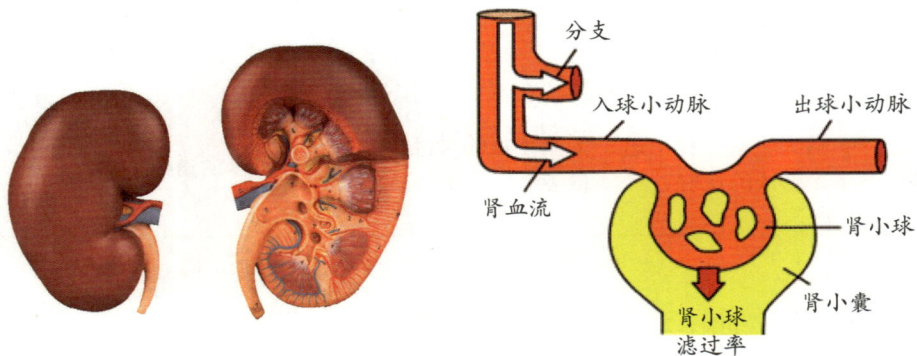

分支

入球小动脉

出球小动脉

肾血流

肾小球

肾小囊

肾小球
滤过率

图 1-28　肾血流量的自身调节

表 1-4　负反馈与正反馈比较

| 比较项目 | 负反馈控制系统 | 正反馈控制系统 |
| --- | --- | --- |
| 比例 | 大多数情况下的控制机制 | 少数情况下的控制机制 |
| 定义 | 反馈信息与控制信息作用性质相反的反馈 | 反馈信息与控制信息作用性质相同的反馈 |
| 作用 | 纠正、减弱控制信息 | 加强控制信息 |
| 举例 | ① 减压反射<br>② 肺牵张反射<br>③ 代谢增强时$O_2$及$CO_2$浓度调节<br>④ 甲亢时TSH分泌减少 | ① 排尿反射<br>② 排便反射<br>③ 血液凝固过程<br>④ 分娩过程 |

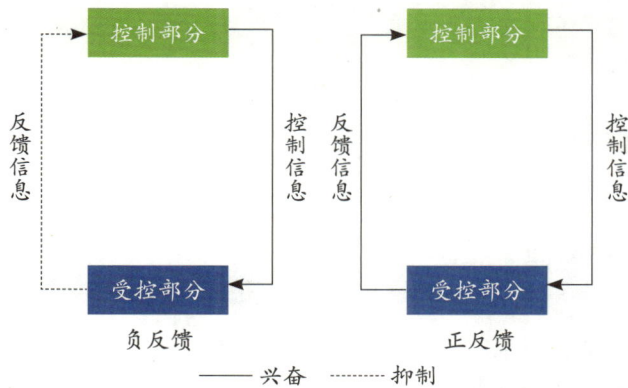

图 1-29　负反馈与正反馈模式图

# 任务二　认识人体生长规律

## 二、人体生长发育规律

生长指大小的增加。人类的生长是从受精卵开始的。随着受精卵的生长，细胞分裂使细胞数目逐渐增多，同时细胞体积不断增大。

发育指机体从受精卵形成到生命的每一个阶段，一直到死亡之间解剖结构和生理功能的改变。

## 一、胚胎和胎儿期

表 1-5　胚胎和胎儿期

| 孕周 | 形态 | 特点 |
| --- | --- | --- |
| 第1周 | | 受精卵植入母体子宫内膜 |

| 孕周 | 形态 | 特点 |
|---|---|---|
| 第4周末 | | 妊娠开始8周的孕体称胚胎。第4周末的胚胎长2～3mm，神经管形成，将发育形成脊髓，并在一端扩大形成脑 |
| 第8周末 | | 胚胎长约2cm，初具人形，头大，占整个胎体的一半。能分辨出眼、耳、鼻、口。四肢已具雏形。早期心脏形成并有搏动 |
| 第12周末 | | 第9周起称为胎儿。第12周末，胎儿身长约9cm，体重约14g。外生殖器已发育，部分可辨出性别，胎儿四肢可活动 |
| 第16周末 | | 胎儿身长约16cm，体重约110g。从外生殖器可确定胎儿性别。头皮已长出毛发，胎儿开始出现呼吸运动 |

续表

| 孕周 | 形态 | 特点 |
|---|---|---|
| 第20周末 | | 胎儿身长约25cm，体重约320g。开始出现吞咽、排尿功能。妈妈可感到胎动，检查时可听到胎心音 |
| 第28周末 | | 胎儿身长约35cm，体重约1000g，看起来像个小老头儿。这时出生能有浅表的呼吸和哭泣，称为有生机儿，但仍很难存活 |
| 第32周末 | | 胎儿身长约40cm，体重约1700g。肺及其他内脏已基本发育完成。这时出生的早产儿，如在暖箱里精心照料，已能存活 |
| 第36周末 | | 胎儿身长约45cm，体重在4周内可以增加近1000g，达到约2500g。出生后能啼哭及吸吮，生活力良好，此时出生基本可以存活 |
| 第40周末 | | 胎儿身长约50cm，体重约3400g。发育成熟，外观体形丰满，称为足月儿。出生后哭声响亮，吸吮能力强，能很好存活 |

## 二、母体与胎儿

胎盘

子宫
子宫壁
脐带

腹直肌
胎儿

宫颈

图1-30 母体与胎儿

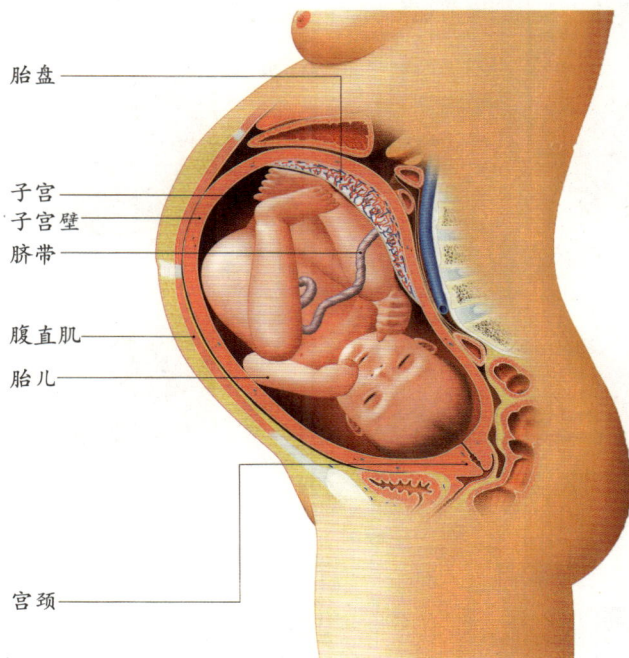

**小贴士**

### 推算预产期

方法一：根据末次月经日期计算。

从末次月经第一日算起，月份加9或减3，日数加7。

比如：末次月经第一日是2013年10月21日，预产期应为2014年7月28日。

方法二：依据胎动日期进行推算。

如记不清末次月经日期，则依据一般胎动开始于怀孕后的18～20周来推算。

计算方法：初产妇是胎动日加20周；经产妇是胎动日加22周。

实际分娩日期与推算的预产期有可能相差1～2周。

## 三、分娩

　　妊娠满28周及以后的胎儿及其附属物从母体全部娩出的过程，称为分娩。最终导致胎儿与母体分离，开始建立两者相互独立的关系。

表 1-6　分娩过程

| 产程 | 模拟图 | 表现 | 产程 | 模拟图 | 表现 |
|---|---|---|---|---|---|
| 第一产程 | | 子宫颈扩张 | 第二产程 2 | | 胎儿娩出 |
| 第二产程 1 | | 胎儿降入产道 | 第三产程 | | 胎盘娩出 |

## 四、小儿年龄分期

表 1-7　小儿年龄分期

| 分期 | | 年龄 | 分期 | | 年龄 |
|---|---|---|---|---|---|
| 婴儿期 | | 出生到满1周岁前 | 学龄期 | | 入小学始至青春期前 |
| 幼儿期 | | 1周岁至满3周岁前 | 青春期 | | 10岁至20岁 女孩：11~12岁至17~18岁 男孩：13~14岁至18~20岁 |
| 学龄前期 | | 3周岁至6~7岁入小学前 | | | |

## 五、成年人年龄分期

表 1-8　成年人年龄分期

| 分期 | | 年龄 | 分期 | | 年龄 |
|---|---|---|---|---|---|
| 青年期 | | 18～24岁 | 中年期 | | 45～59岁 |
| 壮年期 | | 25～44岁 | 老年期 | | 60岁以后 |

## 六、衰老和死亡

　　随着婴儿降生，人生的时钟开始嘀嗒作响，生命的旅程离开了起跑线。尽管现代医学取得了卓越成就，但仍然无法阻止人类衰老的进程，细胞的分裂次数有一定的限制，这决定了人类的寿命有一定的期限。

　　脑、肌肉、关节、眼睛和其他器官都会随年龄增长而退化，这些变化在60岁之后才比较明显。遗传基因和生活方式是影响人类寿命的主要因素。

**心情驿站**　　我们无法去决定生命的长度，但我们能够去拓展生命的宽度。

# 护考 "120"

## 一、填空题

1. 许多形态结构相似、功能相近的细胞和细胞间质构成的一个细胞群体称为_____。

2. 生命活动的最基本特征是_____。

3. 能引起生物体发生反应的各种环境变化，统称为_____。

4. 维持机体功能稳态的调节机制是_____。

5. 人体有_____块骨，骨与骨之间借纤维结缔组织、软骨或骨相连，形成的结构叫_____。

## 二、单项选择题

6. 下列哪项不是人体八大系统之一？（    ）
   A. 神经系统　　　　　　B. 骨骼系统　　　　　　C. 消化系统
   D. 呼吸系统　　　　　　E. 循环系统

7. 下列属于身体体腔分区的是（    ）
   A. 头部　　　B. 胸腹部　　　C. 腰背部　　　D. 盆腔　　　E. 四肢

8. 关于人体的轴和面，下列说法错误的是（    ）
   A. 冠状轴是身体前后方向的水平线
   B. 垂直轴是身体上下方向垂直于水平线的垂线
   C. 矢状面是将人体分为左右两部分的纵切面
   D. 额状面是沿冠状轴方向所做的将人体分为前后两部分的纵切面
   E. 水平面将人体分为上下两部分

9. 关于标准的解剖学姿势，下列说法错误的是（    ）
   A. 身体直立　　　　　　B. 上肢放于身体两侧　　　　　　C. 手掌朝向身体
   D. 双足并立　　　　　　E. 足尖朝前

10. 下列选项中不属于消化系统的器官是（    ）
    A. 口腔　　　B. 胃　　　C. 支气管　　　D. 食道　　　E. 空肠

11. 下列选项中具有储存尿液功能的器官是（    ）
    A. 肾脏　　　B. 输尿管　　　C. 尿道　　　D. 子宫　　　E. 膀胱

12. 下列器官中流动的血液是动脉血的是（    ）
    A. 肺静脉　　　B. 门静脉　　　C. 上腔静脉　　　D. 右心房　　　E. 右心室

13. 下列有气体交换功能的是（    ）
    A. 鼻腔　　　　　　B. 气管　　　　　　C. 主支气管
    D. 呼吸性细支气管　　　　　　E. 终末细支气管

14．产生精子的器官是（　　　）

A．睾丸　　　B．前列腺　　　C．卵巢　　　D．输精管　　　E．精囊腺

三、多项选择题

15．关于运动系统，正确的说法是（　　　）

A．人体有600多块骨骼肌

B．骨骼的类型有长骨、短骨、扁骨和不规则骨

C．运动系统的主要作用是支撑作用和进行随意运动

D．骨骼肌由肌腹、肌腱和韧带组成

E．骨骼肌可根据外形分为长肌、短肌、扁肌和轮匝肌

16．关于人体的神经系统，正确的说法是（　　　）

A．由脑和脊髓及与之相连的脑神经和脊神经组成

B．脑神经共有12对，脊神经共有31对

C．交感神经和副交感神经属于内脏运动神经

D．脑包括端脑、间脑、脑干和小脑

E．神经系统有较强的再生功能

17．下列属于内分泌器官的是（　　　）

A．甲状腺　　　B．甲状旁腺　　　C．胰岛　　　D．肾上腺　　　E．垂体

# 项目二
## 认识医院

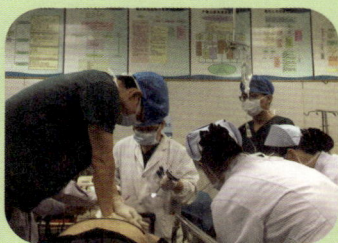

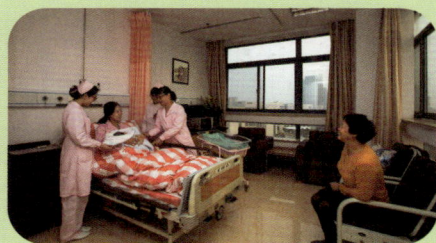

# 任务　参观医院，接触护理

## 我们的目标是……

◎ 掌握门诊、急诊和病区的护理工作内容和流程

◎ 熟悉门诊、急诊和病区的设置与布局

◎ 了解医院的组织结构、任务和种类

## 我们的任务是……

◎ 熟识医院环境（门诊、急诊和住院部的主要设置、布局及其要求）

◎ 为门诊患者提供高效、优质的护理服务，优化、简化患者的就医流程

◎ 快速、高效地协助医生抢救急诊科的危重患者

◎ 为住院患者提供安全、舒适的住院环境，为病区内的住院患者提供贴心的护理服务，确保护理安全

**现场直击**
**布置任务**

> 初中生王丽，中考刚结束，从小对护士有着特殊情结的她报考并被卫生学校的护理专业录取。她对医院很生疏，她很想了解医院到底长啥样？有哪些主要部门和任务、护士的工作环境、主要工作内容及工作流程等。暑假的一天，王丽找到妈妈的好友——在医院做护士长的张女士。
>
> 张护士长带着王丽走进了她自己工作的医院……

## 任务实施中……

### 一、第一站——参观门诊大楼

在医院大门口，看着人们不断地进出医院，有的表情痛苦，有的面色凝重，有的悲伤不已。王丽突然心生一股怜悯之情，陷入了深深的思索之中……

图 2-1 医院

张护士长领着王丽走进医院（图2-1），向她介绍了医院的门诊大楼、急诊大楼和住院大楼。她们在门诊大楼前停下，张护士长先带着王丽去熟悉了一遍患者就医的流程，感受医护人员为患者尽心尽责的治疗护理，并带着她参观了整个门诊部。最后让王丽进一步思考："医院怎样才能更加关注患者的身心安全和就医感受？就医流程能否更加优化（表2-1）？"

表 2-1 门诊部就医流程、护理工作与设置

| 就医流程 | 护理工作及要求 |
| --- | --- |
| 预检分诊与挂号 |   预检分诊：<br>● 由临床经验丰富的护士承担预检分诊处的工作<br>● 热情主动接待患者<br>● 简明扼要询问病史<br>● 快速观察判断病情<br>● 合理分诊患者挂号<br>挂号：<br>● 传统挂号：就诊前（排队）挂号<br>● 自助挂号：自助挂号机挂号<br>● 预约挂号：网络预约、电话预约、现场及出院预约、诊间及层级预约、微信预约…… |
| 候诊与就诊 |  护理工作：<br>● 开诊前准备器械和用物<br>● 维持良好的候诊与诊疗环境<br>● 分理初诊与复诊病案<br>● 收集整理各种检查与化验报告<br>● 按病情测量生命体征并记录于门诊病历 |

| 就医流程 | 护理工作及要求 |
| --- | --- |
| 候诊与就诊 | <br><br>● 按挂号先后顺序叫号就诊（目前多数医院采用医院排队叫号系统），必要时协助医生诊断及检查<br>● 随时观察病情，合理调整就诊秩序，对高热、剧痛、呼吸困难、出血、休克等患者应立即采取紧急措施，提前就诊或送急诊科处理<br>诊室设置与布局：<br>● 诊察床及其遮隔设备（或专用检查室）<br>● 洗手池<br>● 诊断桌<br>● 体检用具<br>● 化验检查申请单及处方（或医院信息系统）<br>总体要求：<br>● 门诊候诊区及各科诊室需注重消毒隔离，避免交叉感染<br>● 优化就诊流程，方便患者就诊，加强人文关怀 |
| 各种检查、治疗与护理 | <br><br>护理工作：<br>● 健康教育：利用电视录像、宣传小册子、口头与图片、板报、微信等新媒体与自媒体开展健康教育<br>● 治疗护理：根据医嘱执行注射、换药、导尿、灌肠、各种穿刺、造口护理、导管护理等<br>● 消毒隔离：加强门诊空气与物品的消毒工作；遇到（疑似）传染患者，应分诊到发热门诊或隔离门诊就诊<br>● 保健护理：健康体检与预防接种等<br>主要部门：<br>● 门诊输液室<br>● 化验室（检验科）<br>● 特殊检查室<br>● 门诊药房<br>● 各种治疗室等<br>总体要求：<br>● 严格落实查对制度，确保患者诊疗安全，加强人文关怀<br>● 加强消毒隔离，遵守无菌原则，避免医院交叉感染<br>智慧医院系统：<br>● 是智慧医疗的三大组成部分（智慧医院系统、区域卫生系统及家庭健康系统）之一 |

续表

| 就医流程 | 护理工作及要求 |
|---|---|
| 各种检查、治疗与护理 | <br><br>● 利用先进的物联网技术，实现患者与医务人员、医疗机构、医疗设备之间的互动，达到信息化<br>● 可明显简化就医流程、优化就医环境、改善患者身心体验 |

## 二、第二站——参观急诊科

### （一）急诊护理工作

张护士长带着王丽从门诊部出来，绕到急诊大楼前停下，恰逢一辆"120"急救车载着患者呼啸而来……急诊，医院里这个诊治急、危重症患者的第一线（表2-2），又打响了一场没有硝烟的战争……

表 2-2　急诊就医流程、设置与护理工作

| 就医流程 | 护理工作及要求 |
|---|---|
| 急诊预检分诊及挂号 | <br><br>急诊预检分诊：<br>● 快速评估、判断：一问、二看、三检查、四分诊<br>● 遇危重患者，立即通知值班医生及抢救室护士 |

| 就医流程 | 护理工作及要求 |
|---|---|
| 急诊预检分诊及挂号 | "娟子，准备心肺复苏和止血！" "小邢：车祸大出血患者，快请外科张医生过来抢救患者！" <br><br>• 遇群体性事件，立即通知护士长及总值班<br>• 遇纠纷、事故、案件，迅速报告医院保卫部门或公安部门，并请家属或陪同者留下<br>• 及时分诊到各专科诊室实施抢救 |
| 配合抢救工作 | "准备点击除颤！开通2路静脉通道！准备吸氧！" <br> "血型鉴定、交叉配血、5%葡萄糖250ml+多巴胺20mg静脉滴注！" <br> "血型鉴定、交叉配血、5%葡萄糖250ml+多巴胺20mg静脉滴注！" <br><br> | 抢救原则：<br>• 严守操作规程，分秒必争抢救<br>医生到达前护士紧急处理：<br>• 快速体检后即刻据病情连接心电监护仪（测量生命体征等）、建立静脉输液通路、给氧、吸痰、止血与配血等抢救措施<br>• 心跳呼吸停止者立即实施心肺复苏术<br>医生到达后配合抢救：<br>• 正确执行医嘱：抢救或手术中可执行口头医嘱，但必须复诵一遍，医护双方确认无误后执行<br>• 密切监测病情变化<br>• 做好查对工作：抢救药品的空安瓿、空药瓶和输血袋等需两人核对后，集中放置于特定容器中以备查<br>做好抢救记录工作：<br>• 及时准确、清晰地记录与抢救有关的事件及其时间：患者及医生到达时间、抢救措施落实时间、执行医嘱的内容和病情动态变化等，精确到"分钟"<br>• 尽量同步完成抢救记录，或抢救结束6小时内完成抢救记录、补开医嘱和处方 |

| 就医流程 | 护理工作及要求 |
|---|---|
| 抢救物品准备 |  时刻备战的抢救室   抢救车内抢救药物 <ul><li>急救物品必须做到"五定"——定数量品种、定点放置、定人保管、定期消毒灭菌和定期检查维修</li><li>要求急救物品完好率始终保持100%</li><li>护理人员应熟悉呼吸机、洗胃机、除颤仪等急救物品的性能和使用方法，并能排除一般故障；急救物品一律不外借</li></ul> |
| 留室观察或转诊 |  <ul><li>急诊留观室的收治对象：不能明确诊断者，已明确诊断及病情危重但暂时住院困难者</li><li>观察时间：一般为3~7天</li><li>转诊情况：根据病情转院或住院进一步诊疗</li></ul> |

小贴士

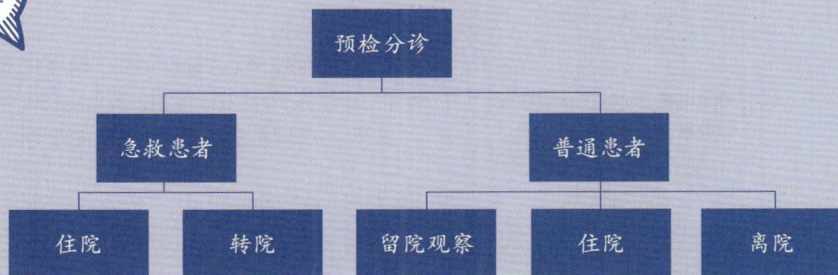

图2-2　急诊总流程

## （二）急诊科设置和布局

走出急诊抢救室和留观室，张护士长带着王丽继续参观急诊科这个医护人员从死神手中抢夺患者的最前哨，并请小丽思考：为了保证急救工作的顺利进行，急诊科有哪些设置与布局要求？应如何管理（表2-3）？

表 2-3　急诊科的设置、布局和管理要求

| 内容 | 具体要求 |
|---|---|
| 设置布局 | <br>• 急诊科设置标准：形成相对独立的单元，一般设有预检分诊处、诊室、抢救室、挂号室及收费室、治疗室、监护室、观察室、清创室、药房、化验室、影像检查室、心电图室、急诊手术室等<br>• 急诊环境设置的目的：方便患者就诊<br>• 急诊环境设置的原则：最大限度缩短候诊时间，争取抢救时间，提高抢救效率<br>• 急诊环境设置的要求：宽敞、明亮、通风、安静、整洁，有足够的运送及通信工具，设有专用路线和宽敞的通道，标识清晰，路标指向明确，夜间有醒目的灯光 |
| 管理要求 | <br>• 急诊管理必须达到标准化、程序化和制度化<br>• 护士必须具有相当的抢救知识和经验，技术娴熟、反应敏捷，理论与技能学习能力强 |

## 三、第三站——参观住院部

急诊科那场惊心动魄的战斗告一段落，王丽刚从紧张的氛围中回过神来。张护士长又带着王丽从急诊科沿着大楼内四通八达的通道走向住院部。那里的每个病区都是住院患者接受诊断、治疗和护理的场所，是医护人员进行医疗、教学、科研和预防等活动的重要基地。

### （一）病区的设置布局与环境管理

医院应对病区合理设置与布局，创造有利于患者休养的社会环境和物理环境（表2-4），以有利于患者的安全和康复为标准。

表 2-4　住院部设置、布局与环境管理

| 住院部 | 具体要求 |
|---|---|
| 病区设置和布局 | <br>• 每个医院的住院部都包括设在底楼的出入院处和各楼层的若干病区，以及手术室等相关科室<br>• 每个病区均设病室（多含卫生间）、危重病室及抢救室、治疗室、护士办公室、医生办公室、配餐室、盥洗室、洗涤间、公共厕所、库房、医护休息室、示教室等，可设置患者娱乐室、会客室、健身室等<br>• 每个病区一般设病床30～40张，每间病室设床位数不等，一般1～6张床，每床配床旁桌椅（多数床旁椅即陪客床）。两床之间设隔帘，有利于治疗、护理及保护患者隐私；床间距不少于1米<br>• 多数医院设置床头设备带，包括中心供氧及中心吸引装置、呼叫系统、床头灯等<br>• 另有壁柜、电视等 |

续表

| 住院部 | | 具体要求 |
|---|---|---|
| | 社会环境 | 建立良好的人际关系：<br>● 包括良好的医患关系、护患关系和患患关系<br>● 帮助患者建立良好人际关系的措施：满足身心需要、一视同仁；操作技术娴熟、态度和蔼；尊重人格权利、保护隐私；鼓励病友互助、融洽愉快<br>制定合理的医院规则：<br>● 制定作息制度、入院须知、探视及陪护制度等<br>● 制定医院规则的措施：热情接待，耐心解释；维护院规，允许自主，尊重家属，合理探视；提供诊治、护理信息 |
| 病区环境管理 | 物理环境 | 安静：白天病区噪声强度控制在35~40dB<br>● 工作人员做到"四轻"——说话轻、走路轻、开关门轻、操作轻<br>● 设备运行无异常噪声，门窗开合自如<br>● 病床、推车等带轮，并定期润滑<br>● 向患者及家属宣传，共同保持病区安静 |
| | | 整洁：保持护理单元、患者及工作人员身体与衣物的整洁<br>● 陈设齐全，规格统一，布局合理<br>● 做到物有定位，用后归位<br>● 及时清理环境，采用湿式清扫<br>● 及时清除治疗或护理后的废弃物及排泄物<br>● 患者衣被保持清洁，及时更换<br>● 非患者必需用品不得带入病区<br>● 工作人员仪表端庄、服装整洁、大方得体 |
| | | 舒适：包括温湿度、通风、采光、色彩和绿化等，舒适的病区环境对患者身心产生正性影响<br>● 温度：冬季18~22℃，特殊病室（新生儿室、手术室、产房等）22~24℃。多采用空调调节室温（冬天18℃，夏天26℃），室内外温差不宜过大<br>● 湿度：病房相对湿度以50%~60%为宜。湿度过高，患者感觉闷热，对心肾疾病患者不利；湿度过低，空气干燥，对气管切开、呼吸道感染及急性喉炎等患者不利 |

续表

| 住院部 | | 具体要求 |
|---|---|---|
| 病区环境管理 | 物理环境 | <br>• 通风：定时开窗通风，每次30分钟为宜。通风能净化空气，降低二氧化碳含量，使空气中的微生物密度降低，有效减少室内空气污染，使患者身心舒爽<br>• 采光：病室光线适宜，合理调节自然与人工光线<br>• 色彩：患者被服、工作人员服饰采用可使患者身心愉悦的色彩，如以淡蓝色、淡绿色、粉色等为主色调，不宜采用纯白色<br>• 绿化：病房可适当放置绿色植物，尽量避免鲜花等易诱发过敏的植物 |
| | | <br>安全：防止和消除一切不安全的因素<br>• 避免躯体损伤：如跌倒、坠床的管理，水电的安全等<br>• 预防医院感染：严格执行各项院感管理制度，落实各项预防院感的操作规程<br>• 避免医源性损伤：医源性损伤是由于医务人员言谈或行为不慎而造成患者心理或生理上的不必要损害。加强职业道德教育，强化医护人员责任心，严格执行操作规程和查对制度等可有效避免医源性损伤 |

## （二）病区护理工作流程

病区护士必须为患者提供高质量的护理服务，运用护理程序严谨地护理患者，给予充分的人文关怀。病区护士职责明确、分工协作，排班方式举例如下（表2-5）。

表 2-5　病区护理工作分工及流程

| 班次（分工） | | 主要职责 | 工作流程 |
|---|---|---|---|
| 主班（办公班） | | 处理、核对医嘱 | ● 清点物品；参加晨会；处理医嘱；安排入院、办理出院；领药、总核对医嘱；准备标本容器；填写病室报告；交班 |
| 责任班 | | 运用护理程序、护理组内患者 | ● 晨间护理；参加晨会；床边接班、评估病情；修订护理计划；实施护理措施；效果评价；完成护理记录；晚间护理；床边交班 |
| 夜班 | | 夜间时段的护理工作 | ● 清点物品；床边接班；评估病情、完成夜间护理措施；评价效果；护理记录；晨会交班及床边交班 |

## 四、俯瞰全院，整体认识医院

参观了两个病区后，张护士长带着王丽进了住院大楼的电梯，按了顶楼按钮，带着王丽来到医院的制高点俯瞰整个医院。张护士长一边引导王丽了解医院的每个角落，一边跟王丽讨论了医院的组织结构、任务、类型及其技术等级等。

### （一）医院的组织结构

根据我国医院的组织结构模式，医院大致可分为诊疗部门、诊疗辅助部门和行政后勤部门三大系统（表2-6）。各部门之间分工明确、各尽其职，但更需相互协作，共谋人类健康大计。

表 2-6　医院的组织结构

| 组织结构 | 具体组成及其主要作用 | |
|---|---|---|
| 诊疗部门 | | • 包括门诊和住院部两大部门，每个部门又包括内科、外科、妇产科、儿科等科室或病区，以及急诊科、手术室等科室<br>• 诊疗部门是医院的主要业务部门，是提供医疗服务的核心部门 |
| 诊疗辅助部门 | | • 包括药剂科、营养科、检验科、放射科等<br>• 以各科室专门的技术和设备为诊疗部门服务 |
| 行政后勤部门 | | • 包括医院的各职能部门，如医务科、护理部、科教科、总务科、院感科、财务科、设备科、人事科、办公室等<br>• 是保障诊疗工作正常开展、持续发展及人、财、物正常运行的辅助部门 |

## （二）医院的主要任务

医院是防病治病、保障人类健康的卫生事业单位，主要任务是以医疗为中心，在提高医护质量的基础上，保证教学和科研任务的完成，并不断地提高教学质量和科研水平。同时做好扩大预防、指导基层和计划生育技术等工作（表2-7）。

表 2-7　医院的主要任务

| 医院任务 | 具体要求 | |
|---|---|---|
| 医疗 | | • 医疗是医院的中心任务<br>• 以诊疗和护理为业务主体，并与医疗技术部门密切配合形成一个医疗整体，为人类健康服务 |

| 医院任务 | | 具体要求 |
|---|---|---|
| 教学 | 带教实习生与规培生 | ● 医院是医学临床教育的重要基地<br>● 教学工作主要承担医学生在校期间的见习，毕业前的实习，还包括医院在职人员的规范化培训、进修和继续教育等任务 |
| 科研 | | ● 通过科学研究解决基层医疗护理中的难题，为临床实践提供新技术、新方法，将科研成果转化为生产力，推动医学事业的发展 |
| 预防保健 | | ● 医院在承担医疗任务的同时，还要发挥预防保健功能<br>● 开展社区及家庭卫生服务，进行健康教育；开展健康咨询、妇幼保健指导及疾病普查等工作 |

## （三）医院的类型

根据技术水平与服务层次、收治范围、运行目标、地区、所有制等标准，医院可划分为多种类型（表2-8）。

表 2-8　医院的类型

| 划分标准 | 医院类型 |
|---|---|
| 技术水平和服务层次 | 共分三级十等：<br>● 一级医院、二级医院、三级医院<br>● 每级又分为甲等、乙等、丙等医院，三级医院增设特等医院 |
| 收治范围 | ● 综合医院<br>● 专科医院（如中医院、传染病医院、精神病医院等） |
| 运行目标 | ● 非营利性医院<br>● 营利性医院 |

续表

| 划分标准 | 医院类型 |
|---|---|
| 特定任务 | <ul><li>医学院校附属医院</li><li>厂矿企业医院</li><li>部队医院</li></ul> |
| 地区 | <ul><li>城市医院（市、区、街道医院）</li><li>农村医院（县、乡、镇医院）</li></ul> |
| 所有制 | <ul><li>全民所有制</li><li>集体所有制</li><li>个体所有制医院</li><li>中外合资医院</li><li>独资医院</li><li>……</li></ul> |

**聚焦二十大**

党的二十大报告强调：深化医药卫生体制改革，促进医保、医疗、医药协同发展和治理。促进优质医疗资源扩容和区域均衡布局，坚持预防为主，加强重大慢性病健康管理，提高基层防病治病和健康管理能力。请思考：作为未来从事基层医疗卫生健康工作的一员，在提高基层防病治病和健康管理能力工作中，我们能做些什么？

## 护考"120"

### 一、填空题

1. 在住院部，病室适宜的相对湿度为_____。
2. 对前来门诊的患者，护士应首先进行的工作是_____。
3. 急诊预检分诊护士遇到危重患者时应立即_____。
4. 抢救患者时未能书写的医疗文件，抢救结束后补记的时间要求是_____。

### 二、单项选择题

5. 培养合格的医务人员，医院应承担的任务是（　　）。
　　A．教学　　　B．医疗　　　C．科研　　　D．疾病预防　　E．健康促进

6. 患者，女性60岁，心前区压榨性疼痛1小时，伴脉速、冷汗、恐惧感，来院急诊，护士采取的措施中错误的是（　　）。

A．准备好抢救物品和药品      B．抽血送检

C．推车送放射科拍摄X射线胸片      D．开放静脉通路

E．心电监护并密切观察病情变化

7. 孔女士，23岁门诊候诊时，突然感到腹痛难忍，护士观察发现：患者面色苍白，出冷汗，两手冰冷，呼吸急促，护士采取的措施中，正确的是（　　）。

A．与患者慢慢沟通并给予安慰      B．安排患者提前就诊

C．嘱患者平卧休息      D．催促医生加快诊疗速度

E．直接给予解痉镇痛药物

8. 古先生，40岁，右上腹肝区隐痛，伴恶心、呕吐，门诊查血清谷氨酸氨基转移酶升高。护士应采取的措施是（　　）。

A．详细询问病史      B．告知门诊医生提前接诊

C．进行心理护理      D．转入隔离门诊诊治

E．测量患者生命体征

三、多项选择题

9. 抢救物品的"五定"，这里表述正确的是（　　）。

A．定数量品种      B．定人保管

C．定期更换      D．定点放置

E．定期检查维护

10. 适宜患者休养的环境包括（　　）。

A．儿科病室冬季室温在22~24℃

B．室内应通风良好，定时开窗通风

C．患者被子整洁，及时更换

D．病室光线适宜

E．可放置一些鲜花

11. 张爷爷，82岁，因"老年性慢性支气管炎、肺源性心脏病"住呼吸内科病室。护士给病室通风的目的是（　　）。

A．调节室内温度、湿度      B．增加氧含量

C．降低二氧化碳的含量      D．避免噪声的刺激

E．降低空气中微生物的密度

# 项目三
## 认识护理

# 任务一　　初识护理实质

## 我们的目标是……

◎ 了解护理学的发展简史

◎ 熟悉南丁格尔主要事迹及我国南丁格尔奖获得者

◎ 掌握护理学的内容

## 我们的任务是……

◎ 挖掘古今中外护理学的发展历程

◎ 学习南丁格尔主要事迹及我国南丁格尔奖获得者，弘扬南丁格尔精神

◎ 掌握护理学的内容：护理学的基本概念，护理学的内涵及任务，护理与健康的关系

**现场直击
布置任务**

卫校护理专业二班王琳同学，从小她就崇拜医院里的护士，她们打针、发药……救死扶伤。王琳一直想知道护士这个职业是怎么发展来的，护理学的具体内容及其与健康的关系。让我们一起来解开疑惑吧！

一、护理学经历了怎样的一段发展历史？

二、护理学的内容有哪些？

## 任务实施中……

## 一、护理学的发展简史

### （一）世界护理学的发展

#### 1. 护理学的形成

护理是人类生存的需要，护理学的形成及发展与人类社会的文明进步息息相关。人类健康水平的提高和社会需求的变化影响着护理实践，并推动着护理学的发展。

**看一看**

在漫长的世界历史长河中，可以说，自从有了人类就有了护理活动，让我们穿越到古代去看一看（表3-1）。

表 3-1　古代护理的孕育

| 时 期 | 特 点 |
| --- | --- |
| 人类早期 | 在人类的生存和发展过程中，不可避免地会出现生、老、病、死，原始的照顾由此应运而生，主要形式为"自我保护""家庭照顾"、医巫不分的"宗教护理" |
| 中世纪 | 由于受到政治、经济、宗教的发展以及频繁战争的影响，主要护理形式为医院护理。由修女担任主要的护理工作，工作内容仅限于简单的生活照顾 |
| 文艺复兴时期 | 文艺复兴时期，西方国家又称为科学新发现时代，但护理工作的发展却停滞不前，是护理史上的黑暗时期 |

**学一学**

护理界最伟大的鼻祖、近代护理学的奠基人、护理教育的创始人——弗洛伦斯·南丁格尔在19世纪诞生了，她创造并推进了近代护理，让我们根据表3-2了解一下她的主要事迹。

表 3-2  南丁格尔的主要事迹

| 时间 | 主要事迹 |
| --- | --- |
| 1820年5月12日<br><br>弗洛伦斯·南丁格尔 | 英国贵族之女南丁格尔，1820年5月12日出生于意大利的佛罗伦萨，接受高等教育，精通英、法、德、意等多国语言，并擅长数学、哲学、历史与音乐等。年少时即表现出超乎常人的爱心，立志要为患者带来幸福 |
| 1850年 | 南丁格尔前往德国的凯撒斯威斯城参加护士训练班 |
| 1854年<br> | 南丁格尔率领38名护士到克里米亚战场救护伤员。使伤员的死伤率从42%降至2.2%。她被誉为"提灯女神""克里米亚天使" |
| 1860年<br> | 南丁格尔在英国的圣托马斯医院创办世界上第一所护士学校 |
| 1907年 | 南丁格尔获得英国国民最高荣誉勋章 |
| 1910年8月13日 | 南丁格尔逝世，享年90岁 |
| 1912年 | 国际护士理事会将南丁格尔的诞生日——5月12日定为国际护士节，旨在激励广大护士继承和发扬护理事业的光荣传统，以"爱心、耐心、细心、责任心"对待每一位患者，做好护理工作 |

链接一下

## 南丁格尔奖章简介

南丁格尔奖是红十字国际委员会为表彰在护理事业中做出卓越贡献人员的最高荣誉奖。1907年国际红十字组织设立南丁格尔奖，1912年首次颁发。该奖每2年颁发一次，每次最多50名。这项以南丁格尔命名的国际优秀护士奖章，是为表彰志愿献身护理事业和在护理方面做出卓越贡献的世界各国优秀的护理工作者所设。

南丁格尔奖章

南丁格尔奖章是镀银的，正面有南丁格尔肖像，反面的周围刻有"永志人道慈悲之真谛"字样，中间刻有奖章获得者的姓名和颁奖日期，由红白相间的绶带将奖章与中央饰有红十字的荣誉牌连接在一起。同奖章一道颁发的还有一张羊皮纸印制的证书。

### 我们学习的楷模——中国南丁格尔奖获得者

第29届（1983年）　王琇瑛

第30届（1985年）　梁季华、杨必纯、司堃范

第31届（1987年）　陈路得、史美黎、张云清

第32届（1989年）　林菊英、陆玉珍、周娴君、孙秀兰

第33届（1991年）　吴静芳

第34届（1993年）　张水华、张瑾瑜、李桂美

第35届（1995年）　孙静霞、邹瑞芳

第36届（1997年）　汪塞进、关小英、陆　冰、孔芙蓉、黎秀芳

第37届（1999年）　曾熙媛、王桂英、秦力君

第38届（2001年）　吴景华、王雅屏、李秋洁

第39届（2003年）　叶　欣、钟华荪、李淑君、姜云燕、苏雅香、章金媛、
　　　　　　　　　梅玉文、李　琦、陈　东、巴桑邓珠

第40届（2005年）　刘振华、陈　征、冯玉娟、万　琪、王亚丽

第41届（2007年）　聂淑娟、陈海花、丁淑贞、泽仁娜姆、罗小霞

第42届（2009年）　王文珍、鲜继淑、张爱香、杨　秋、潘美儿、张桂英、刘淑媛

第43届（2011年）　吴欣娟、陈荣秀、孙玉凤、姜小鹰、赵生秀、索玉梅、
　　　　　　　　　陈声容、张利岩

第44届（2013年）　蔡红霞、成翼娟、林崇绥、王海文、王克荣、邹德凤

第45届（2015年）　杜丽群、宋　静、王新华、邢彩霞、赵庆华

记一记

南丁格尔的精神感染了许多人,人们尊她为"白衣天使"。让我们通过表3-3记住南丁格尔对护理学的伟大贡献。

表 3-3　南丁格尔对护理学的伟大贡献

| 贡献 | 相关说明 | 贡献 | 相关说明 |
|---|---|---|---|
| 创建世界上第一所护士学校 | 1860年,南丁格尔在英国的圣托马斯医院创办了世界上第一所正规的护士学校 | 首创了科学的护理专业 | 南丁格尔对护理事业的杰出贡献,还在于她使护理走向科学的专业化轨道,使护理从医护合一的状态中成功地分离出来 |
| 著书立说指导护理工作 | 南丁格尔一生撰写了大量的笔记、报告和论著,其中《影响英军健康、效率与医院管理问题摘要》的报告被认为是当时医院管理中最有价值的文献。1858年至1859年分别撰写了《医院札记》及《护理札记》 | 创立了护理制度 | 南丁格尔首先提出护理要采用系统化的管理方式,使护理人员担负起护理患者的责任,并授予护士适当的权力,以充分发挥护士的潜能,她主张"护理人员应由护理人员来管理" |

## 2．现代护理学的发展

现代护理学的发展过程,也就是护理学科的建立和护理形成专业的过程。自南丁格尔创建护理专业以来,护理学科不断变化和发展。从护理学的实践和理论研究来看,护理学的变化和发展可以分为三个阶段(表3-4)。

表 3-4　护理学的发展阶段

| 阶段 | 以疾病为中心 | 以患者为中心 | 以人的健康为中心 |
|---|---|---|---|
| 时间 | 1860年(19世纪中叶)至20世纪40年代 | 20世纪40至70年代 | 20世纪70年代至今 |
| 医学模式 | 生物医学模式 | 生物—心理—社会医学模式(1977年,美国医学家恩格尔提出) | 生物—心理—社会医学模式;WHO战略目标 |
| 医护关系 | 护士是医生的助手 | 护士是医生的合作伙伴 | 独立,专业性强 |
| 特点 | 执行医嘱和护理常规,完成护理操作 | 对患者实施身心、社会等全方位的整体护理 | 工作场所扩展至社区和家庭,服务对象扩大至人的一生 |

## （二）中国护理学的发展

### 1. 中国古代护理

我国古代的护理是伴随着祖国医学的发展而产生的，"三分治，七分养"，其中"养"即为护理。让我们了解一下中国古代的护理。

**链接一下**

《黄帝内经》——中国最早的医学经典著作，如"肾病勿食盐""怒伤肝""喜伤心""思伤脾""忧伤肺""恐伤肾""惊伤心胆"。

华佗（三国）——"五禽戏"

孙思邈（唐）——《备急千金要方》

张仲景（东汉末年）——"灌肠术"。

陈自明（宋）——《妇人十全良方》

李时珍（明）——《本草纲目》

胡正心（清）——"蒸汽消毒法"。

### 2. 中国近代护理

中国近代护理事业的发展是在鸦片战争前后，随着西方列强的入侵，宗教和西方医学进入中国而开始的（表3-5）。

表 3-5 中国近代护理的发展

| 时间 | 主要事件 |
|---|---|
| 1835年 | 英国传教士巴克尔（P. Parker）在广州开设了第一所西医医院 |
| 1884年 | 美国护士兼传教士麦克尼（E. Mckechnie）在上海妇孺医院推行现代护理，并于1887年开设护士培训班 |
| 1888年 | 美国护士约翰逊女士（E. Johnson）在福州创办了我国第一所护士学校 |
| 1909年 | 中国护理界的群众性学术团体"中华护士会"在江西牯岭成立（1937年改为中华护士学会，1964年改为中华护理学会） |
| 1920年 | 中华护士会创办《护士季刊》<br>中国协和医学院建立了协和高等护士专科学校——中国第一所具有本科水平的护士学校 |
| 1922年 | 中国加入国际护士会，成为国际护士会第十一个会员国 |
| 1932年 | 中央护士学校在南京成立——中国第一所正规的公立护士学校 |
| 1934年 | 成立中央护士教育专门委员会 |
| 1941年 | 在延安成立"中华护士学会延安分会"，毛泽东同志题词"尊重护士、爱护护士" |

### 3. 中国现代护理

从20世纪50年代开始，中国进入现代护理学的发展阶段，其主要内容包括护理教育、护理实践、护理管理和护理科研等（表3-6）。

表 3-6　中国现代护理

| 现代护理 | | 主要内容 |
| --- | --- | --- |
| 护理实践 | | ● 应用护理程序的方法为医院及社区的患者提供连续性护理，护理工作的内容和范围不断扩展。器官移植、显微外科、重症监护、介入疗法、基因治疗、康复护理、社区护理等专科护理迅猛发展 |
| 护理管理 | | 健全护理管理系统：<br>● 各级医院健全护理管理指挥系统，实行护理部垂直领导体制<br>● 县级及以上医院和300张床位以上的医院设护理部，实行护理部主任（三条横杠的护士帽）、科护士长（二条横杠的护士帽）和护士长（一条横杠的护士帽）三级负责制<br>● 300张床位以下的医院实行总护士长（二条横杠的护士帽）和护士长（一条横杠的护士帽）二级负责制 |
| | | 建立晋升考核制度：<br>● 符合一定条件的护理人员可通过考核，逐级晋升技术职称<br>● 护师（一条斜杠的护士帽）为初级技术职称，主管护师（二条斜杠的护士帽）为中级技术职称，（副）主任护师（三条斜杠的护士帽）为高级技术职称 |
| | | 实施护士执业考试和执业注册制度：<br>● 1995年6月全国举行首届护士执业考试<br>● 2009年开始，符合条件的中高职护理专业应届毕业生可申请参加护士执业资格考试 |

续表

| 现代护理 | | 主要内容 |
|---|---|---|
| 护理管理 | | 护理管理法制化：<br>● 我国第一部规范护士行为的行政法规《护士条例》于2008年5月12日起正式实施，意味着护理事业从此步入了法制化管理的轨道 |
| 护理教育 | | ● 目前我国已形成了中等护理职业教育、高等护理职业教育、本科护理教育、护理学硕士研究生、护理学博士研究生5个层次的护理教育体系<br>● 同时还开展护理学学历教育和继续教育 |
| 护理科研 | | ● 1993年，中华护理学会第21届理事会在北京召开首届护理科技进步奖颁奖及成果报告会，并宣布"护理科技进步奖美德标准"及每两年评奖一次的决定<br>● 护理研究走上更高的台阶 |
| 学术交流 | | ● 中华护理学会和各地护理学会成立了学术委员会和各护理专科委员会，以促进学术交流<br>● 1954年创办的《护理杂志》复刊（1981年更名为《中华护理杂志》），《护士进修杂志》《中国实用护理杂志》等几十种护理期刊相继创办<br>● 护理教材、护理专著和科普读物越来越多 |

## 二、护理学的内容

### 1. 基本概念

护理学中，人、健康、环境和护理被公认为影响和决定护理实践的四个最基本的概念（表3-7）。它从科学的角度解释护理现象，说明护理工作的性质，表明护理知识的范围和体系，为护理专业的发展指明方向。

表 3-7　护理学的基本概念

| 基本概念 | 具体内容 |
|---|---|
| 人 | （1）人是统一的整体：具有生物和社会属性<br>（2）人是开放的系统：人与环境不断进行物质、能量、信息的交换<br>（3）人是护理的服务对象：护士不仅注重患者的康复，更注重维护人的健康<br>（4）人在不同发展阶段有不同层次的基本需要 |
| 健康 | 1990年WHO提出：健康不仅是没有疾病，而且包括躯体健康、心理健康、社会适应良好和道德健康。健康是一个动态的、连续变化的过程，没有绝对分界线 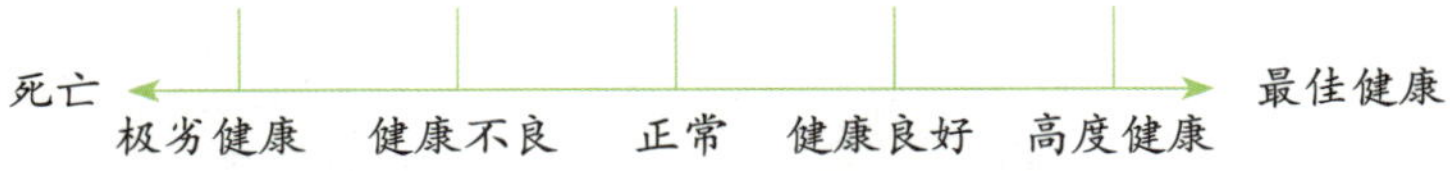<br><br>死亡 ← 极劣健康　健康不良　正常　健康良好　高度健康 → 最佳健康 |
| 环境 | 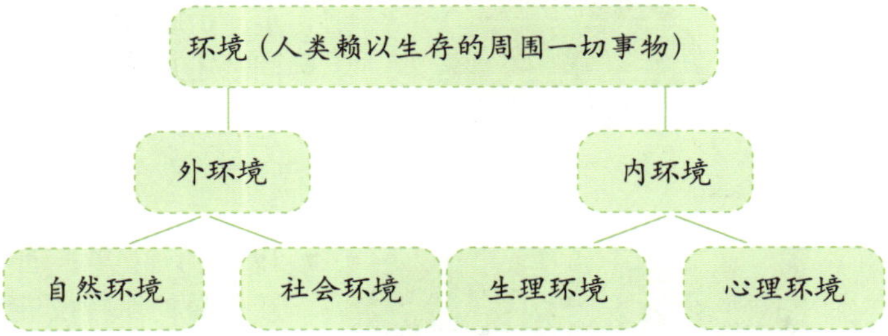 环境（人类赖以生存的周围一切事物）<br>　　外环境　　　　　　内环境<br>自然环境　社会环境　生理环境　心理环境 |
| 护理 | 护理是诊断和处理人类对现存的和潜在的健康问题的反应，是护士应用护理程序的方法，实现"促进健康、预防疾病、恢复健康、减轻痛苦"这一护士的基本职责。护理使人与环境保持平衡，使每个人均获得保持和恢复健康的最佳状态 |

🔗 链接一下

**马斯洛需要层次论**

自我实现
的需要

尊重需要

爱与归属需要

安全需要

生理需要

图 3-1　马斯洛需要层次

马斯洛将人类基本需要分为五个层次：生理的需要、安全的需要、爱与归属的需要、尊重的需要和自我实现的需要（图3-1）。它们像阶梯一样从低到高，按层次逐级递升。

需要层次理论在护理学上的应用：

（1）直接帮助护理对象满足需要；

（2）协助护理对象满足需要；

（3）间接帮助护理对象满足需要。

你能找出人、环境、健康和护理四者之间的关系吗?

人、环境、健康、护理的关系:人是四者中的核心,护理对象(人、家庭、社区)存在于环境之中,并与环境互为影响。护理作用于护理对象和环境,通过护理活动为护理对象创造良好的环境,并帮助护理对象适应环境,从而促进疾病向健康转化,以达到最佳健康状态(图3-2)。

图 3-2 人、环境、健康、护理的关系

## 2. 护理学的内涵及任务

1978年WHO指出:"护士作为护理的专业工作者,其唯一的任务就是帮助患者恢复健康,帮助健康人促进健康。"让我们记住护理学的内涵及任务(表3-8)。

表 3-8 护理学的内涵及任务

| 护理实质 | | 主要内容 |
|---|---|---|
| 护理学的内涵 | *To cure sometimes*<br>*To relieve often*<br>*To comfort always*<br>有时治愈 常常帮助 总是安慰 | ● 照顾:是护理永恒的主题。护理人员的核心技能便是专业的、适度的照顾<br>● 人道:尊重个体,注重人性,一视同仁<br>● 帮助:护患之间的帮助性关系是双向的 |
| 护理学的任务 | 高度健康 健康良好 健康不良 极劣健康 最佳健康 死亡 促进健康 预防疾病 恢复健康 减轻痛苦 | ● 促进健康:帮助护理对象获取维持或增进健康所需要的知识及资源,其目标是帮助人们维持最佳健康水平或健康状态<br>● 预防疾病:护理对象积极控制不良行为和健康危险因素,以维持他们的健康状态,预防疾病的发生<br>● 恢复健康:帮助人们在患病或有影响健康的问题后,改善其健康状况,尽早恢复健康 |

续表

| 护理实质 | 主要内容 |
|---|---|
| 护理学的任务 | |
|  | ● 减轻痛苦：把掌握的知识和技能运用到护理实践，帮助护理对象减轻身心痛苦，是护士从事护理工作的基本职责和任务 |

### 链接一下

## 奥瑞姆（Orem）的自理理论及护理补偿系统

自理是指人们为维持生命、健康和幸福而需自己着手进行的活动。

自理需要包括：一般的自理需要、成长发展的自理需要及健康不佳时的自理需要。

自理缺陷即自理能力低于自理需要，是自理理论的核心。

Orem提出三个护理系统：

**1. 完全补偿系统**：患者完全没有自理能力，需要护士给予全面帮助，满足其所有的基本需要。

**2. 部分补偿系统**：患者自理能力部分缺陷，需护士给予适当帮助，在帮助补偿患者自理缺陷的同时发挥患者主动性，提高其自理能力。

**3. 支持—教育系统**：患者通过学习具备完成某些自理活动能力。护士需为患者提供教育、支持、帮助，以促进其自理能力进一步提高。

## 3. 护理与健康的关系

**比一比**

护士被誉为"生命的守护神"，护理在健康服务领域中发挥着无可替代的作用。让我们比较一下护理与健康促进、健康保护之间的关系（表3-9）。

表 3-9　护理与健康的关系

| 护理与健康促进的关系 | 健康促进是指在人与环境相互作用的过程中，采取行动、提高生活质量的过程，其目的是发挥健康潜能，促进健康行为，提高健康水平<br>（1）开展健康教育<br>（2）健康危险因子的评价、控制和安适的评估<br>（3）帮助护理对象矫正不良的生活方式和行为<br>（4）倡导建立健康的社区环境 |
|---|---|
| 护理与健康保护的关系 | 健康保护是指人们采取行动预防和对抗疾病的过程，其目的是积极地控制不良行为和健康危险因素，避免疾病，早期发现疾病并控制疾病，减少残疾，保持功能<br>（1）控制传染病<br>（2）维持人体正常的功能形态<br>（3）开展健康普查<br>（4）预防并发症<br>（5）参与执行环境安全措施 |

**链接一下**

### 疾病的三级预防

疾病的三级预防是以人群为对象，以健康为目标，以消除影响健康的危险因素为主要内容，以促进、保护及恢复健康为目的的公共卫生策略与措施。

一级预防也称病因预防，是在疾病尚未发生时针对危险（致病）因素采取措施，是预防和消灭疾病的最重要措施。

二级预防也称"三早预防"，"三早"即早发现、早诊断、早治疗，可通过普查、筛检、定期健康体检等防止或减缓疾病发展。

三级预防也称临床预防，可通过对症与康复治疗等预防并发症、防止伤残和促进功能恢复，提高生命质量，延长寿命，降低病死率。

**想一想**

读一读下面的南丁格尔誓言，谈一谈你的想法。

I solemnly pledge myself before God and in the presence of this assembly,
to pass my life in purity and to practice my profession faithfully.
I will abstain from whatever is deleterious and mischievous,
and will not take or knowingly administer any harmful drug.
I will do all in my power to maintain and elevate the standard of my profession,
and will hold in confidence all personal matters committed to my keeping and
all family affairs coming to my knowledge in the practice of my calling.
With loyalty will I endeavor to aid the physician in his work,
and devote myself to the welfare of those committed to my care.

—— The Florence Nightingale Pledge

余谨以至诚，
于上帝及会众面前宣誓：
终身纯洁，忠贞职守。
勿为有损之事，勿取服或故用有害之药。
尽力提高护理之标准，慎守病人家务及秘密。
竭诚协助医生之诊治，务谋病者之福利。
谨誓！

# 任务二　认识护士工作

## 我们的目标是……

◎ 熟悉护士的角色功能
◎ 掌握护士的素质

## 我们的任务是……

◎ 领悟护士角色的概念、特征及其功能
◎ 深谙素质、护士素质、慎独的概念，以及当代护士应具备的素质

**现场直击**
**布置任务**

　　护士小李在病房巡视时发现，术后患者张阿姨皱着眉头痛苦的样子，额头冒汗，便走到床头，一面用纸巾轻轻擦去其头上的汗，一面柔声问道："您怎么了？有什么要我帮助的吗？"患者说："我的伤口很痛，能给我再用点止痛药吗？"护士回答说："让我看一下记录，看看您上一次吃止痛药到现在有多长时间了，请您稍等一下。"护士看完记录后拿来一片止痛药说："阿姨，您现在可以再吃一片了。"说完倒水帮助患者服药。患者说："护士小姐，谢谢你！"护士向患者点头微笑离开。

　　如果你是一名护士，遇到上述情况，你会像护士小李一样对待患者，表现出良好的护士素质吗？

一、合格的护士应该具备怎样的素质？

二、护士有哪些角色和功能？

**任务实施中……**

## 一、护士的素质

素质：个体完成工作活动与任务所具备的基本条件与潜在能力，是人与生俱来的自然特点和后天获得的一系列稳定的社会特点的有机结合，是人特有的一种实力。

护士素质：护士通过培养、教育和自我锻炼所获得的学识、能力、品德和风格(表3-10)。

表 3-10　护士应具备的素质

| 护士素质 | 内容说明 |
| --- | --- |
| 思想道德素质 | 热爱祖国，热爱护理事业，具有为人类健康服务的奉献精神。正确的人生观、价值观，有较高的慎独修养，自尊、自重、自强的奋斗精神 |
| 科学文化素质 | 具有一定的文化修养和自然科学、社会科学、人文科学等多学科知识 |
| 专业素质 | (1) 扎实的专业理论知识<br>(2) 规范的实践操作能力<br>(3) 敏锐的洞察能力<br>(4) 分析、解决问题的能力<br>(5) 评判性思维能力<br>(6) 机智灵活的应变能力<br>(7) 独立学习和创新能力 |
| 身体心理素质 | 健康的体魄是护士做好护理工作的保证，保持充沛的精力，养成良好的生活方式和卫生习惯。护士还必须保持情绪乐观、稳定，具有宽容豁达的胸怀 |

🔗 **链接一下**

**1. 慎独**

慎独是一种情操，是一种修养，是一种自律。所谓"慎独"，是指人们在独处无人注意时，自己的行为必须谨慎不拘，是护士必须具备的一种美德。

**2. 护理道德的基本原则与规范**

**护理道德的基本原则（内容）**

防病治病、救死扶伤；

实行社会主义的人道主义；

全心全意为人民的身心健康服务。

**护理道德的基本规范**

热爱专业，忠于职守；刻苦学习，精益求精；

严肃认真，极端负责；态度和蔼，一视同仁。

仪表端庄，举止大方；相互尊重，协调关系。

**3. 我国医院标志及其含义**

中间的白十字代表以患者为中心，周围的四颗红心分别代表对患者的爱心、耐心、细心和责任心，体现了医务人员以患者为中心，全方位为患者提供优质服务的理念。

## 二、护士的角色

角色：又称社会角色。指处于一定社会地位的个体或群体，在实现与这种地位相联系的权利与义务中，所表现出的符合社会期望的模式化行为。角色具有如下特征：角色具有多重性；角色之间相互依存；角色行为由个体完成。

护士角色：是社会所期望的适于护士的行为，是指从事护理职业的个体所应具有的角色人格和职业行为模式。

现代护士角色具有如下功能：

（1）照顾者：护士要应用专业知识满足患者生理、心理、精神、社会文化等需求。

（2）计划者：护士要为患者制订系统、全面、切实可行的护理计划。

（3）管理者：护士应对日常工作中的人、财、物、信息、时间进行组织管理。

（4）咨询者：护士应用知识技能解答护理对象的健康问题。

（5）协调者：护士有责任协调护理对象健康保健体系中所有的成员密切配合，以保证护理对象得到有效的整体护理。

（6）教育者：护士可以在家庭、社区、医院等场所担任教育者的身份，提高人们对健康的认识。

（7）研究者：护士在护理工作中不断地发现问题，解决问题，并总结和推广科研成果。

（8）代言人及保护者：护士是护理对象权益的维护者，应保证护理对象有安全的治疗环境。

**想一想**

【聚焦二十大】

习近平总书记在党的二十大报告中指出：人民健康是民族昌盛和国家强盛的重要标志。把保障人民健康放在优先发展的战略位置，完善人民健康促进政策。

护士应从哪些方面提升职业素养，切实服务人民健康？

# 护考"120"

一、填空题

1. 国际护士节定于每年的_____。

2. 南丁格尔于_____年，在_____的圣托马斯医院创立世界上第一所护士学校。

3. 护理学中，人、_____、环境和_____被公认为是影响和决定护理实践的四个最基本的概念。

二、单项选择题

4. 现代护理学的形成于（　　　）

    A．18世纪初期　　　　　B．18世纪中期　　　　　C．18世纪末

    D．19世纪初期　　　　　E．19世纪中期

5. 针对恢复健康的护理措施是（　　　）

    A．预防各种传染病发生　　B．指导病人康复训练　　C．指导母乳喂养

    D．开展妇幼保健工作　　　E．为临终病人提供安慰

6. "人"的概念，我们应从除了下列哪项外的四方面来把握（　　　）

    A．人是生理心理、精神文化、社会等各方面相统一的整体

    B．人是一个开放的系统——不断与外界环境交换物质、能量和信息

    C．人有其基本需要如生理需要等

    D．人是护理的服务对象

    E．人的健康和疾病是连续的、动态的、相对的过程

7. 科学护理专业诞生于（　　　）

    A．17世纪中叶　　　　　B．18世纪中叶　　　　　C．20世纪初期

    D．20世纪中叶　　　　　E．19世纪中叶

8. 护理人员的最高职称是（　　　）

    A．护士　　　　　　　　B．护师　　　　　　　　C．主管护师

    D．副主任护师　　　　　E．主任护师

9. 南丁格尔使克里米亚战场上英军的伤亡率下降至（　　　）

    A．22%　　B．3.2%　　C．4.2%　　D．2.2%　　E．5.2%

10. "怒伤肝，喜伤心"这句话是出自哪本著作（　　　）

    A．《妇人大全良方》　　B．《伤寒杂病论》　　C．《本草纲目》

    D．《黄帝内经》　　　　E．《千金要方》

11. 中国首届执业护士考试是在（　　　）

    A．1995年6月　　　　　B．1994年1月　　　　　C．1999年3月

D．1998年6月　　　　　　　E．2008年5月

12．1977年，美国医学家恩格尔提出了（　　）

A．生物—心理—社会医学模式

B．自然科学医学模式

C．生物—社会医学模式

D．生物—心理—精神医学模式

E．生物—心理医学模式

13．以人的健康为中心的护理阶段特点不包括（　　）

A．护理对象从个体扩展到对群体的护理

B．护理教育方面有完善的教育体制

C．护理从属于医疗，护士是医生的助手

D．工作场所从医院扩展到社区和家庭

E．护士角色呈现多元化发展

14．医院设护理部，实行护理三级管理制，要求病床在几张以上？（　　）

A．300　　　B．250　　　C．200　　　D．150　　　E．100

15．中国第一所护士学校创建于（　　）

A．1835年，广州　　　　B．1889年，福建　　　　C．1888年，福州

D．1921年，上海　　　　E．1909年，江西

16．护士的专业素质不包括（　　）

A．扎实的专业理论知识　　　B．规范的实践操作能力

C．敏锐的洞察能力　　　　　D．独立学习和创新能力强

E．诚实慎独、自尊自强

17．我国最早获得南丁格尔奖章的护理前辈是（　　）

A．王琇瑛　　B．黎秀芳　　C．巴桑邓珠　　D．邹瑞芳　　E．叶欣

18．下列属于"三级预防"中二级预防的是（　　）

A．病因预防　　　　　　B．生活方式预防　　　　C．"三早"预防

D．临床预防　　　　　　E．康复预防

19．某糖尿病病人出院时，护士指导其学习自行注射胰岛素，此时护士担任的角色是（　　）

A．照顾者　　B．教育者　　C．领导者　　D．咨询者　　E．管理者

三、多项选择题

20．护理学的主要任务包括（　　）

A．促进健康　　　　　　B．预防疾病　　　　　　C．减轻痛苦

D．恢复健康　　　　　　E．提高生命质量

21．护士在健康保护中的作用包括（　　　）

    A．治疗传染病　　　　　　　　　　B．开展健康普查

    C．维持病人正常的功能形态　　　　D．预防并发症

    E．参与执行环境安全措施

22．护理的基本内涵是（　　　）

    A．照顾　　　B．帮助　　　C．康复　　　D．人道　　　E．责任

项目四
# 规范职业形象

# 任务一 修饰仪表礼仪

## 我们的目标是……

◎ 掌握护士工作中仪容礼仪的基本要求和修饰技能

◎ 掌握护理工作中的着装要求

◎ 了解护士工作妆的原则和方法

## 我们的任务是……

◎ 学习并进行护士仪容修饰的训练

◎ 学习护士工作服的穿着要求并能正确穿戴

◎ 学习护士工作淡妆的原则并能简单操作

现场直击
布置任务

卫校护理专业实习生小黄明天即将进岗实习。第一天进岗，小黄想给医院领导、同事和患者留下一个良好的印象。晚上，她和妈妈商量该怎样修饰自己的仪表才能满足实习工作的需要……

一、护士仪容修饰有什么要求呢？

二、护士的着装要求是怎么样的呢？

三、护士在工作中能化妆吗？应该怎么化妆？

## 任务实施中……

## 一、仪容仪表

仪容，通常是指人的外观、外貌。在人际交往中，每个人的仪容都会引起交往对象的特别关注，并将影响到对方对自己的整体评价。在个人的仪表问题之中，仪容是重点之中的重点。

## （一）仪表要求

医护人员仪容修饰的原则是整洁、得体、简约、端庄。

整洁：医护人员的仪容必须做到整齐、清洁，这是本职业的基本要求。

得体：医护人员的仪容修饰应符合自己的身份和职业，以体现自身内在素养。

简约：医护人员的仪容修饰以自然、简单、素雅为宜，忌追求奢华亮丽。化妆时也不得浓妆艳抹，而应做到自然适度、雕而无痕。

端庄：医护人员的仪容修饰应呈现美观大方、庄重典雅，给人以温馨和美感，拉近与患者的距离，赢得患者的信任。

**议一议**

晚上，妈妈的肾结石犯了，疼得厉害。张红陪妈妈来到就近的一家医院挂急诊。在问诊的过程中张红看到值班医生黑黑瘦瘦、胡子拉茬、白大褂领子已经乌黑，身上也有很多污渍，且手指由于常年抽烟已被熏黄，张红突然开始怀疑该医生的医术……

思考：是什么使张红开始怀疑医生的医术？

如果一名医护人员仪表不整，在对患者进行处置操作的过程中，即使医护人员按照技术操作规程去做，患者也会误认为对方的工作是不认真的，态度是不端正的，这就是心理学上的"思维定式"。在临床工作中，仪容仪表可帮助护患双方判断对方的职业、身份、受教育程度、审美情趣和卫生习惯等。护士良好的仪容仪表有利于塑造良好的职业形象，是护理职业的特殊要求。

## （二）修饰要点

医护人员日常修饰仪容时应重视头发、面部和身体肌肤三部分。

### 1. 头发礼仪

在日常交往中，干净整洁的头发和得体的发型能给交往双方带来良好的印象。保持头发整洁的具体要求见表4-1。

表 4-1　头发整洁的要求

| 要求 | 具体做法 |
|---|---|
| 勤洗发保清洁 | ● 头发应经常清洗，保持清洁卫生。不得有油腻、异物或异味的情况<br>● 养成定期洗发的习惯：一般隔天洗一次，夏季可每日清洗（视油性或干性发质稍作调整） |
| 重养护显健康 | ● 经常梳头和按摩，可促进头皮的健康<br>● 正确洗发和使用护发素，避免洗发过勤造成头发干枯<br>● 减少染发、烫发、卷曲、拉直等对头发的有害刺激<br>● 多吃蔬菜、水果、芝麻等提升发质的营养食品 |
| 常梳理树形象 | ● 医护人员的头发要经常梳理，保证定期的修剪和必要的打理，以树立良好的公共形象<br>● 注意梳头后应清理肩背处遗留的头皮屑或发丝，同时不要在公共场合梳理头发 |

护士工作中的发型，除了遵循基本的美发标准外，还应符合特殊的职业要求，即方便各种护理操作，具体要求见表4-2。

表 4-2　医护人员的发型要求

| 性别 | | 发型要求 |
|---|---|---|
| 女护士 | | **长发**<br>护士工作时不能长发披肩，应将长发盘起，或戴网罩。如有刘海，斜刘海应用发夹固定，齐刘海不得过眉。两侧的鬓角应梳理干净 |
| | | **短发**<br>短发要经常修剪，做到前不过眉，侧不过耳，后不过领，短发的长度不超过耳下3cm，否则也应盘起或使用网罩 |
| 男护士 | | 在任何岗位都不得剃光头，也不能烫奇异发型、染彩色发和留长鬓角，更不准留长发或梳小辫 |

## 2. 面部礼仪

个人良好的面部仪容，能给人留下清新、美好、大方的印象。既体现出自尊自爱，又能表示对他人的尊重与礼貌。修饰面部，最重要的是要做好清洁，勤于洗脸，时刻保持面部干净清爽，无汗渍和油污等不洁之物。特别是午休、用餐、出汗、劳动或者外出之后，都应注意洗脸。同时还要加强以下几个部位的清洁（表4-3）。

**表 4-3 面部清洁的要求**

| 部位 | | 清洁要求 |
|------|---|---------|
| 眼睛 | | • 保持对眼睛的清洁，及时清除眼部的分泌物<br>• 如患有眼部疾病应及时治疗，并自觉回避公共场所和社交活动 |
| 耳朵 | | 耳朵位于面部两侧，容易被自身忽略，对耳朵的清洁应加强两个方面：<br>• 平时洗澡、洗头、洗脸时，勿忘清洗耳朵，及时清除外耳道中的分泌物<br>• 如耳毛长得较快，就应及时进行修剪 |
| 鼻子 | | 鼻孔的清洁主要表现在两个方面：<br>• 鼻腔要随时保持干净，不要让鼻涕或其他异物充塞鼻孔<br>• 如鼻毛过长，要经常修剪长到鼻孔外的鼻毛 |
| 嘴部 | | • 清洁牙齿。每天早、晚刷两次牙。饭后要刷牙或漱口，以去除齿缝中的食物残渣<br>• 口腔无异味。在重要应酬之前忌食葱、蒜、韭菜等能让人口腔发出刺鼻气味的食物<br>• 清理胡须。在正式场合，男士应将胡须清理干净 |
| 脖颈 | | • 注意脖子，特别是脖后、耳后的清洁，不让此处成为"藏污纳垢"的地方<br>• 脖子上的皮肤细嫩，应加强颈部肌肤的保养呵护，避免过早老化 |

## 3. 身体肌肤

由于护理操作中，医护人员与患者之间不可避免地会有身体接触，所以对身体肌肤进行一定的修饰就显得很有必要。

手是人体最灵活的器官，大部分的护理操作都要靠双手来完成，所以护士应该注意使自己的双手保持良好的状态。

(1) 清洗：国内外大量研究表明："勤洗手，保持手部清洁卫生是预防各种感染的有效措施。"卫生工作者更要注重手的清洁，一般采用七步洗手法清洗双手。

(2) 养护：高强度的工作加上频繁的清洗容易导致手部肌肤粗糙、干裂，因此我们要对双手进行必要的养护。每天早晚使用护手霜，每周做一次手膜都是很好的方法。同时在冬季还要预防冻疮。

(3) 指甲：长指甲容易藏污纳垢，且不便于护理操作，因此医护工作者不允许留长指甲，必须及时修剪，保持指甲不超过指尖，另外也不能涂指甲油。

脚作为身体的一部分，在修饰仪容的时候也不可忽视。除了像手一样要经常清洗、注意保养和定期修剪趾甲外，还要做到勤换鞋袜，不穿残破有异味的袜子，不在他人面前脱鞋、脱袜等。

🔗 **链接一下**

### 护手建议

(1) 用含维生素E的营养油按摩指甲四周及指关节，可去除倒刺及软化粗皮。

(2) 随时做做简单的手指操，可以锻炼手部关节，健美手形。

(3) 美手也需要以内养外，调理好日常饮食。平日应充分摄取富含维生素A、维生素E及锌、硒、钙的食物。

**找一找**

图4-1所示人物的动作错在哪里，你能找出来吗？

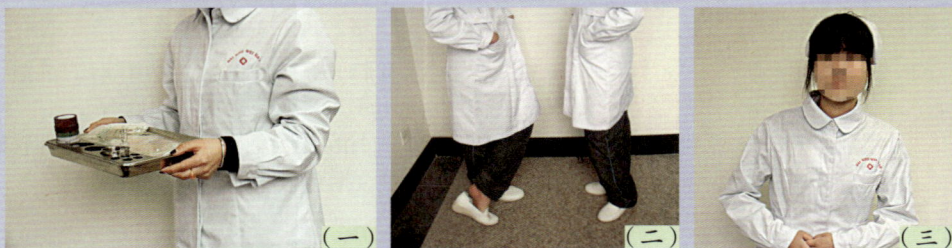

(一)　　　　(二)　　　　(三)

图 4-1

练一练

**工作中的盘发**

长发的同学，请按照护理工作中的发型要求练习一下盘发和网罩、头花的使用。

## 二、服饰礼仪

服饰是装饰人体的物品，包括衣服、鞋袜、饰物等的总称。经过几千年的发展演变，现代服饰的功能已从最初的遮寒蔽体发展成一种服饰文化。从广义上看，它能反映出一个国家、一个民族的物质文明发展和文化水平、精神面貌的程度。从狭义上说，它能表现出一个人的气质、性格、教养、社会地位、文化品位、审美情趣、价值取向和生活态度。人们通过服饰展示个体内心对美的追求、体现自我的审美感受；通过服饰提升自我的气质。所以，服饰是人类的一种内在美和外在美的统一。作为职业标志的护士服，既展示了护士良好的职业形象，又能体现出医护行业规范的执业标准。

### （一）护士的着装原则

护士的着装原则是规范得体、干净整洁。

#### 1. 规范得体

护士的着装应体现高度的职业规范，充分考虑护士的工作环境和工作职能。因此，护士在工作中必须着装得体（包括护士帽、护士鞋和袜子等）。

#### 2. 干净整齐

护士服不是一般的工作服，它是医护人员身份和职业的象征，它的干净整洁体现出护士职业的特殊性以及护理队伍良好的精神面貌和严谨的工作作风。

### （二）护士的着装要求

护士服的正确穿着主要体现在护士帽、护士服、口罩、袜子、护士鞋等方面。

#### 1. 护士帽

护士帽分为两种：燕帽和筒帽。

（1）燕帽：燕帽造型美观、端庄，像天使的光环圣洁而高雅，戴上燕帽不仅可以固定头发，还可以提升护士的整体形象。

（2）筒帽：在手术室、传染科、ICU等特殊科室工作

的护士，为了无菌操作和保护性隔离的需要，应佩戴圆筒帽。

两种护士帽的佩戴方法有所不同，佩戴要领见表4-4。

表 4-4　护士帽佩戴要领

| 帽型 | | 佩戴要领 |
| --- | --- | --- |
| 燕帽 |  | ● 戴帽前将头发梳理整齐，齐刘海不得遮挡视线，斜刘海及两边鬓角须用发卡固定好，做到前不遮眉、后不搭肩、侧不掩耳<br>● 长发盘于脑后，用发网或头花固定。盘发不可过高，也不要低过衣领<br>● 将折叠好的燕帽轻扣在头上，帽檐距前发际线4~5cm，两边微展开<br>● 戴正戴稳，用同色系或黑白发卡固定在脑后两侧 |
| 筒帽 |  | ● 短发可直接戴筒帽，长发可盘起后再戴<br>● 将筒帽罩在头上，中缝线在后，边缘平整<br>● 头发应全部藏在筒帽内，前不露刘海，后不露发际 |

**找一找**

图4-2所示的戴帽方法错在哪里，你能找出来吗？

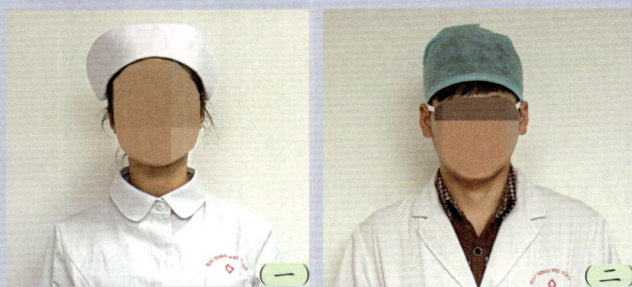

（一）　（二）

图 4-2

## 正确戴帽

请严格按照燕帽和筒帽的佩戴方法进行佩戴护士帽的分组训练，注意互相观察和修整戴帽位置及发型。

### 2. 护士服

护士服是护士的工作服，主要功能是保持卫生及易于患者辨识护士。传统的护士服包括上衣、围裙以及护士帽，而我国卫生部设计的女护士服多为连衣裙式，给人以轻盈、活泼、纯洁、端庄的感觉。近年来，护士服在整齐洁净、大方适体和便于操作的原则上，增加了色彩和款式方面的设计元素，使我们的"白衣天使"更显时尚魅力（图4-3）。

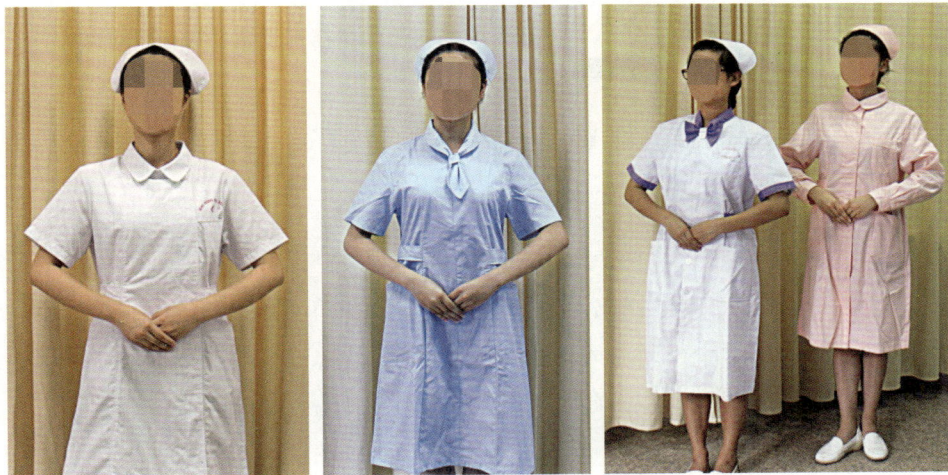

图 4-3 规范着装

护士服通常以白色为主，近年来很多医院在不同的科室采用不同的色彩来加以区别。门诊和普通病房的护士穿的是白色的护士服，象征着纯洁；妇产科和儿科的护士一般穿粉红色的，是一种柔和的颜色，象征着温暖与和谐；儿科也是考虑到孩子的心理特点，以粉红色、碎花护士服增添温馨柔和的气氛，减轻孩子的恐惧心理；手术室、ICU病房一般都是墨绿色的，可以减轻危重患者的恐惧心理；急诊科的护士多穿橄榄绿或淡蓝色的，且胸前佩有急救标志，款式为上衣和长裤，便于急救操作；男护士多为白大褂或分体式上衣加长裤。

护士服的整体式样应以简洁美观、便于操作为原则。具体要求见表4-5。

表 4-5  护士服穿着要求

| | | 着护士服要领 |
|---|---|---|
| 上身 | | ● 内衣的领子及袖口不外露，护士服扣整齐<br>● 袖长刚好至腕，腰带调整适度<br>● 门襟平整无皱褶，衣服干净无油污 |
| 下身 | | ● 裙长刚好过膝，裤长盖住脚背<br>● 夏天要穿丝袜，颜色以肉色为宜<br>● 自己的裙摆不得超过护士服的裙长 |

**练一练**

**正确穿衣**

请严格按照护士服穿着的要求和注意事项进行分组训练，如有条件可尝试不同科室不同款式、色系的护士服，注意正确穿着并体会其中的差异。

### 3. 口罩

自从一百多年前德国医生发明口罩以来，作为防范呼吸道传染病的重要手段，口罩一直被认为是卫生和安全的象征。医护人员在手术室、无菌操作和标准防护时必须佩戴口罩，这不仅是为了保护患者，同时也是一种自我防护的有效手段。

（1）口罩的结构：目前常用一次性口罩，其结构包括3部分。①3层防护层：外层蓝色无纺布阻隔体液，中层可吸附微粒，内层白色可吸潮；②鼻夹：根据鼻梁高低调整固定起密闭作用；③系带：上下两根，在头部可起到固定作用。

（2）口罩的戴法：①洗净双手，取出口罩，分清正反面与上下方，确保口罩颜色浅的一面朝内（反面），有金属条的一端在上，将两端的绳子挂在耳朵上（有4根带子者先系上方2根）；②用双手紧压鼻梁两侧的金属条塑造鼻夹，使口罩上端紧贴鼻梁；③向下拉伸口罩，不留褶皱，更好覆盖口鼻。④口罩不戴时手捏口罩的系带取下，直接扔于污物桶内，不能挂于胸前。

> **练一练**
>
> ### 正确戴口罩
>
> 请严格按照戴口罩的步骤和注意事项进行分组训练，注意体会口罩内的密闭和负压感，确保达到有效的防护。

#### 4. 其他

（1）护士鞋：护士鞋指医院护士工作时常穿的工作鞋，一般为白色、软底、软面的坡跟鞋，夏天不能穿凉鞋。护士每天在病区不停地行走，护士鞋必须达到尺寸合适、鞋底防滑、轻便耐穿、走路无声、穿着合脚、易于打理的标准。不论是布面还是皮面的护士鞋都应经常刷洗，保持洁白干净，与工作服搭配协调，达到整洁利落的整体之美。

（2）袜子：穿护士鞋时应搭配浅色、肉色的袜子，与白鞋协调统一。不论长袜或短袜，袜口都不能露在裙摆或裤管外。注意不穿有破口或漏丝的袜子。

（3）饰物：为了便于护理操作，护士在工作岗位上不可佩戴耳环、戒指、手链、手镯、脚链等饰品，项链不可外露。

### 三、职业淡妆

化妆是指运用化妆品和工具，采取一定的技巧，对人的面部、五官及其他部位进行渲染、描画，增强立体感，掩饰缺陷，增添神采，从而达到美容目的。得体的妆容是对他人和自己的尊重，是一种礼仪、美德、素养的表现。

从事护理职业的女性通常给人干练利落、仪态优雅的印象，有利于增强患者对护士工作的认同和信赖感。一个精致的职业淡妆能体现护士温柔得体、亲切谦和的职业风貌，同时也增加了个人的气质和自信。

#### 1. 职业淡妆的基本步骤

职业淡妆应给人清爽的感觉，且又能衬托肌肤之美。护士的工作妆更应根据护士的工作特点，在淡雅自然的基础上扬长避短，体现出护士高雅的气质。一般的职业淡妆有以下几个基本步骤：

（1）洁面：首先用洗面奶（干性肌肤）或洁面乳（油性肌肤）搭配温水将脸部和颈部洗干净，用化妆棉或掌心蘸收敛性化妆水轻轻拍打脸部及颈部，使之均匀吸收，最后轻抹一层合适的护肤液或面霜完成洁面。

（2）粉底：脸部肤色修饰是整个化妆过程的关键。在上粉底之前应先擦一层隔离霜或BB霜，颈肩部一起涂匀，可起到隔离防晒的作用。肤色不够均匀的女性可选择一款修颜液调整肤色（紫色修颜液适用于肤色暗黄者，肤色发红可选用绿色修颜液，粉色修颜液则适合于白皙和暗黄的肤色）。最后，选择一款接近于肤色、遮盖度属中低的粉底液或粉饼，和肤色相近，不要太白，强调妆容的自然。打粉底可用五点打法，分别涂于额头、鼻子、两边面颊、下额。顺着皮肤的生长纹理轻轻打开。上额以鼻梁为中线，分别向左右方向打开。鼻子同样向左右两边打开，此方法可以提升皮肤的上升度，而不会因每天使用护肤品或是打粉底造成面部皮肤下垂。

（3）眉形：描眉前可根据自己的眉形、脸型对眉毛略加修整，眉毛不需要过于工整，也不要改变原来的眉形，就维持原来自然的线条，重点是拔除眉毛下边眼盖上的杂乱毛发，然后再逐根对眉毛进行细描，一般做到两头淡、中间浓。最后要用眉刷轻刷双眉，使眉形自然，切记眉毛不能画得太垂以免造成不愉快的感觉。

（4）眼影：职业女性的眼部化妆应自然、干净、柔和，化工作妆可选择暖色系的眼影。用眼影刷蘸取少量眼影色，从上眼睑外眼角向内眼角轻轻晕染，避免一下子擦太多眼影，要一次擦上一点点，慢慢加深。然后用干净大眼影刷晕染，位置为眼球的边缘线上。

（5）睫毛：用睫毛夹紧贴睫毛根部，使之卷曲上翘，然后顺睫毛生长的方向刷上睫毛液。

（6）口红：唇部化妆应先以唇形笔将理想的唇廓描出，再擦上唇膏，唇膏应与服装、眼影及腮红协调，以同色系为宜。护士工作妆的口红宜选浅色或透明色，唇形自然，这样最能表现出明朗的健康美。如嘴唇较干燥，在涂口红之前可先涂一些润唇膏。

（7）腮红：职业妆的腮红主要表现自然健康的容颜，胭脂的颜色应与口红、眼影同一色系。用胭脂刷擦在微笑时脸颊肌肉隆起处，以此处为基点，稍往上向四周抹开。圆形脸、梨形脸可将腮红拉长有助于平衡脸型。瓜子脸、心形脸及长椭圆形脸，腮红不必拉得太长，以免显得脸太窄。

**练一练**

### 工作妆的流程

清洁—爽肤水—乳液—底妆（隔离霜/BB霜/粉底液—遮瑕膏—粉饼—散粉）—眼妆（眉笔—眼影—眼线—睫毛膏）—唇妆（润唇膏—唇线—唇膏—唇彩）—腮红—卸妆

总体来说，护士妆形象是健康又有专业态度的，妆面应干净又富于立体感。护士妆不能有过重的化妆痕迹，口红应很淡，只是滋润的印象。眉眼展开，给人以亲切又专注的感觉。腮红不再用于造型，而是健康的血色。要使整个妆容让人感觉轻薄、透明。

### 2. 化妆的礼仪规范

化妆是美化仪容的手段，是职业人士知"礼"的外在表现，因此在化妆过程中还必须遵循相关的礼仪规范：

（1）避免当众化妆或补妆；

（2）不借用他人的化妆品；

（3）不评论他人的妆容；

（4）避免妆面出现残缺。

### 3. 正确卸妆的方法

卸妆是美丽的最后一步，又是第二次美丽的第一步，因此掌握正确的卸妆技巧非常重要。卸妆步骤：

（1）取适量卸妆乳，用化妆棉或指尖均匀地涂于脸部、颈部，以打圈方式轻柔按摩。

（2）鼻子以螺旋状由外而内轻抚，卸除脖子的粉底要由下而上清洁。

（3）用面巾纸或化妆棉拭净，直到面巾纸或化妆棉上没有粉底颜色为止。

（4）卸妆完毕，应再用性质温和的洗面奶洗脸，然后再用爽肤水对肌肤做最后的清洁，以及平衡肌肤的酸碱度。

（5）敏感皮肤在使用卸妆产品时应小心谨慎，最好选择不含酒精、香料、色素等化学成分、且性质温和的卸妆产品，而且卸妆时间不宜过长。

**练一练**

**正确化妆**

请按照护士职业淡妆的基本步骤练习化妆技巧，妆后同学间可互相展示点评，看是否符合职业淡妆要求，能否达到美化自身的效果。

# 任务二　训练行为礼仪

## 我们的目标是……

◎ 掌握日常生活中基本的手姿、站姿、坐姿、走姿、蹲姿、致意、行礼，以及护理工作中的举止礼仪

◎ 熟悉护理工作中的常用表情

◎ 了解行为礼仪的基本要求

## 我们的任务是……

◎ 学习并进行各种日常行为礼仪训练

◎ 结合表情训练、完善行为礼仪

**现场直击**
**布置任务**

　　周一早上，七病区的护士正在进行集体交班。夜班护士和白班护士分列左、右两边呈半圆形围着正在布置工作的护士长。路过的患者都被这场面吸引了，所有的护士站得笔直，双手交叉置于腹部，全神贯注地听着护士长讲话，看起来精神极了。患者们都在说大清早护士们就这么认真地开会，工作热情真高，有这样的护士为我们服务肯定能得到很好的照顾。

　　思考：

为什么患者觉得在医院能得到良好的服务？

## 任务实施中……

　　举止是指人的动作和表情。日常生活中人的一抬手一投足，一颦一笑，都可概括为举止。

　　举止是一种无声的"语言"，能在很大程度上反映一个人的素质、受教育的程度及能够被别人信任的程度。在社会交往中，一个人的行为既体现他（她）的道德修养、文化

水平，又能从一个侧面客观动态地反映这个人内心的思想感情，表现出他（她）与别人交往是否有诚意。冰冷生硬、懒散懈怠、矫揉造作的行为，无疑有损于良好的形象。相反，从容潇洒的动作，给人以清新干练的感觉；端庄含蓄的行为，给人以深沉稳健的印象；亲切的微笑，则使人感受温暖与善良。因此，作为护士我们要以训练有素的举止、优美的姿态、得体的风度向患者展示护理职业的力与美，以良好的举止赢得患者的肯定与信赖。

> ### 链接一下
>
> ### 中国传统行为礼仪
>
> 毋侧听，毋噭应，毋淫视，毋怠荒；游毋倨，立毋跛，坐毋箕，寝毋伏。
>
> ——《礼记·曲礼》

## 一、基本行为礼仪

### 1. 站姿

站姿是一个人站立的姿势，是一种静态的造型，是人们平时最常用的基本姿势，同时又是其他动态姿势的基础和起点。优美、典雅的站姿能展现积极与自信，提升气质与风度，给他人留下端庄大方的美好印象。

导诊护士常采用站姿为患者服务，其动作要领见表4-6。

表 4-6　站姿动作要领

| 具体部位 | 动作要领 |
|---|---|
| 头颈部 | <br>● 头正、颈直<br>● 目光平视前方<br>● 下颌微收<br>● 后脑勺往后靠 |
| 躯干部 | ● 两肩放平，后展下沉<br>● 挺胸收腹，立腰提气<br>● 双腿直立，并腿提臀 |

续表

| 具体部位 | | 动作要领 |
|---|---|---|
| 手部 | | **女性手姿**<br>● 双手相握于中或下腹部<br>● 肘部向外微打开<br>● 一手轻握另一手四指，大指内收，被握手指不超出上手外侧边缘 |
| 手部 | | **男性手姿**<br><br>● 右手握住左手腕<br>● 自然贴于腹前或臀部 |
| 脚部 | | **"V"字形**<br><br>● 脚跟并拢、脚尖打开呈"V"字形<br>● 重心落于两腿正中 |
| | | **"丁"字形**<br><br>● 一脚跟垂直于另一脚内侧中点<br>● 左脚或右脚在前均可<br>● 多为女性采用 |

续表

| 具体部位 | 动作要领 | |
|---|---|---|
| 脚部 |  | 平行式 |
| | | ● 两脚平行分开 |

找一找

图4-4所示的动作错在哪里，你能找出来吗？

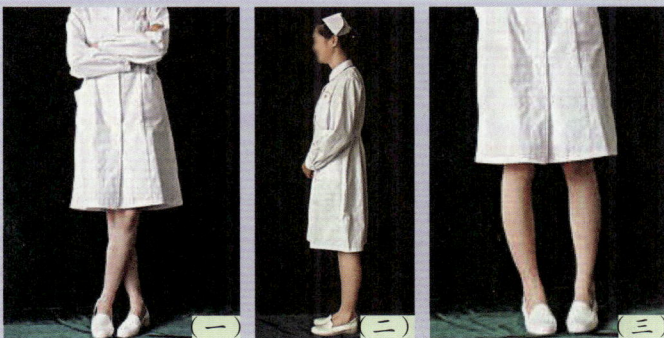

图 4-4

练一练

**站姿的训练要领**

两脚站稳，身体正直，掌握好重心平衡；
挺胸收腹，立腰提臀，吸气使重心上升；
面带笑容，平视前方，后脑勺要往后靠；
脊椎后挺，背成一线，努力使身体拉长。

良好的站姿能给他人留下精神饱满、积极向上的美好印象，可以用表4-7的方法进行训练。

表 4-7　站姿的训练方法

| 训练方法 | 训练步骤 |
|---|---|
| 靠墙训练 | 背靠墙站立，使枕部、肩胛骨、臀部、小腿、足跟紧贴墙面，保持肌肉紧绷 |
| 背靠背练 | 两人一组，背靠背站立，使双方的枕部、肩胛骨、臀部、小腿、足跟相贴，可在两人的肩、背、小腿等相靠处放一张纸片，以纸片不掉落为标准来强化和检验训练的效果 |
| 顶书训练 | 身体保持直立，目光平视前方，头正颈直，下颌微收，把书本放在头顶，保持身体平稳。这种方法对低头、仰脸、歪头、晃头及左顾右盼等不良姿态有一定的矫正效果 |

续表

| 训练方法 | 训练步骤 |
|---|---|
| 照镜训练 | 面对镜子，观察自己的站姿是否符合标准，寻找问题，及时修正 |

## 2.　坐姿

坐姿是指人在就座以后身体所保持的一种静态姿势。不论是工作还是休息，坐姿都是最经常采用的姿势之一。优雅的坐姿传递着自信、友好、热情的信息，给人以文雅、稳重、自然大方的美感，同时也显示出高雅庄重的良好风范。

正确规范的坐姿要求端庄而优美，其动作要领见表4-8。

表 4-8　坐姿动作要领

| 具体部位 | 动作要领 |
|---|---|
| 头颈肩部 | <br> ● 抬头挺胸 <br> ● 目光平视前方 <br> ● 下颌微收 <br> ● 平正两肩 |
| 躯干部 | <br> ● 上身与大腿成直角 <br> ● 大腿与小腿成直角 <br> ● 坐椅子的2/3~3/4 |

| 具体部位 | 动作要领 | |
|---|---|---|
| 手部 | | **女性手姿**<br><br>● 双手相叠置于腿上<br>● 一手轻握另一手<br>● 大指内收 |
| | | **男性手姿**<br><br>● 双手分别置于两腿近膝部位 |
| 腿部 | | **正襟危坐式坐姿**<br><br>● 双膝并拢、双脚平放<br>● 女性：脚跟靠紧、足尖朝前<br>● 男性：双脚分开、与肩同宽 |
| 腿部 | | **双腿叠放式坐姿**<br><br>● 双腿交叉叠放<br>● 悬空的足尖应朝下<br>● 男女都适用 |

| 具体部位 | 动作要领 |
|---|---|
| 腿部 | 双腿叠放平行式坐姿<br><br>● 双腿交叉后并拢成一条直线<br>● 双腿斜放于一侧，与地面成45°左右 |
| | 双腿斜放式坐姿<br><br>● 两腿并拢<br>● 双脚斜放于一侧，与地面成45°左右 |
| | 脚尖点地式坐姿<br><br>● 大腿并紧<br>● 一腿前伸，另一腿后屈<br>● 前脚着地，后脚尖点地<br>● 双脚前后保持在同一直线上 |

找一找

图4-5所示的动作错在哪里，你能找出来吗？

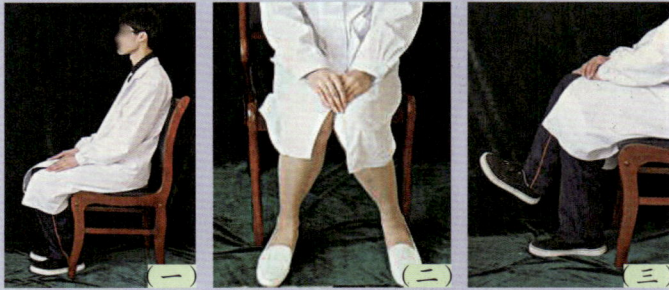

图 4-5

练一练

**坐姿的训练要领**

上身正直，抬头挺胸，保持直立的状态；

双膝并拢，不可分腿，展示女性的优雅；

勿靠椅背，不可坐满，避免整体的松懈。

良好的坐姿使女性显得优雅高贵，就座前和离座时也要认真训练（表4-9）。

表 4-9　坐姿的训练方法

| 训练内容 | 训练步骤 |
|---|---|
| 就座前 | 从左侧进入座位，右脚后退半步，碰到座位边缘后，平稳就座。女士就座前用单手或双手抚平身后衣裙 |
| 落座后 | 落座后保持身体上部直立，双腿靠拢或叠放，双手相叠放在一侧腿上，配合各种坐姿进行训练 |
| 离座时 | 起立时，右腿先后退半步，待上部身体直立站起后收右腿，从左侧离开 |

### 3. 走姿

走姿是指人在行走过程中所形成的动态姿势，是站姿的延续。走姿往往是最引人注目的身体语言，也最能表现一个人的风度和活力。医护人员工作时离不开走姿，护士的大部分工作时间都在行走中进行，正确而优美的走姿能给人一种干练愉悦的感受，有助于更好地完成医疗工作。

走姿是展现人的动态美的重要形式，其动作要领见表4-10。

续表

表 4-10　走姿动作要领

| 具体部位 | 动作要领 | |
|---|---|---|
| 上身 |  | ● 面朝前方，双眼平视<br>● 头部端正，昂首挺胸<br>● 腰背挺直，避免弯曲<br>● 稍向前倾，重心落于交替移动的前脚脚掌 |
| 手臂 | | ● 双肩平稳，两臂有节奏地前后摆动<br>● 掌心向内，手指自然弯曲<br>● 前摆约30°，后摆约15°<br>● 前摆时稍向内收，忌双手左右横摆 |
| 腿部 | | ● 脚尖朝前，行走时双脚尽量走直线<br>● 步幅适中，前后脚之间的距离约一脚长<br>● 弹足有力，行走时稳健大方，有节奏感 |

**找一找**

图4-6所示的动作错在哪里，你能找出来吗？

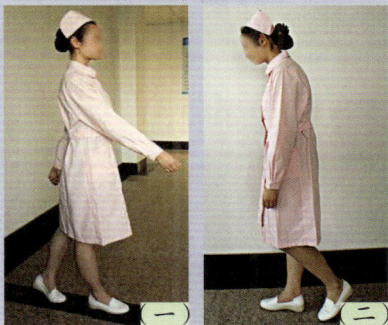

图 4-6

**练一练**

### 走姿的训练要领

注意肩膀尽量放松，应避免过于僵硬；双臂摆动积极均匀，以大臂带动小臂；步伐平稳轻快有力，显矫健优美活力；脚踩直线步幅适中，忌内、外八字脚。

护士的走姿体现了一种职业的动态美，要使自己的走姿协调稳健，干练优美，可采用表4-11的方法进行训练。

表 4-11　走姿的训练方法

| 训练方法 | 训练步骤 |
| --- | --- |
| 原地摆臂训练 | 原地站立，双肩放松，以大臂带动小臂积极摆动，注意往前摆时手稍内收，纠正左右摆臂、单手摆臂、屈肘摆臂等毛病 |
| 音乐带动训练 | 采用节奏感较强的音乐，如歌曲《我相信》等，随着音乐节奏练习行走。注意抬头挺胸，摆臂积极，弹足有力 |
| 照镜纠错训练 | 面对镜子自如行走，注意观察自己在肩膀、摆臂、步幅等方面是否符合标准。可在地上画一条直线，足尖朝前，沿直线行走，身体重心落于足的中央，不可偏斜 |

**4. 蹲姿**

　　蹲姿是指人下蹲的姿势，是由站姿变化而来的相对静止的体态。用于对自己的工作岗位进行收拾、清理，需要给予别人帮助或照顾自己等情况。如需要在他人或患者面前捡拾地上物品，若采取弯腰、俯首、撅臀的姿势去捡拾，就不如用蹲的姿势既礼貌又得体。

　　蹲姿的运用要优美、典雅，常用的高低式等蹲姿及其动作要领见表4-12。

表 4-12　常见蹲姿及动作要领

| 常见蹲姿 | 动作要领 | |
| --- | --- | --- |
| 高低式 | | • 一脚在前，完全着地；另一脚后，脚掌着地<br>• 较低下肢的膝关节紧靠另一小腿<br>• 臀部向下，端庄稳重，护士较多用 |
| 交叉式 | 高低式　交叉式 | • 两肩放平，后展下沉<br>• 挺胸收腹，立腰提气<br>• 双腿直立，并腿提臀<br>• 多为女性着短裙时采用 |
| 半蹲式 | | • 身体半立半蹲<br>• 上身稍弯，臀部向下<br>• 双膝略弯，应大于90°<br>• 多在行进中应急临时采用 |
| 单膝着地式 | 半蹲式　单膝着地式 | • 双腿一蹲一跪<br>• 一腿单膝及脚尖着地，臀部坐在脚跟上<br>• 另一腿全脚着地<br>• 双膝同时向内，尽量靠拢<br>• 多用于下蹲时间较长时 |

**找一找**

图4-7所示的动作错在哪里，你能找出来吗？

图 4-7

**练一练**

### 蹲姿的训练要领

一脚前，一脚后，身体重心放平稳；

上身挺，下身蹲，臀部向下单腿撑；

腿靠紧，不能分，女性蹲姿显身份。

良好的蹲姿展现了特殊状态下的礼仪，女性蹲姿更要做到文雅大方，常用的高低式蹲姿可采用表4-13的方法进行训练。

表 4-13    女性高低式蹲姿的训练方法

| 训练步骤 | 动作要领 | |
| --- | --- | --- |
| 第一步<br>分腿捋裙 | 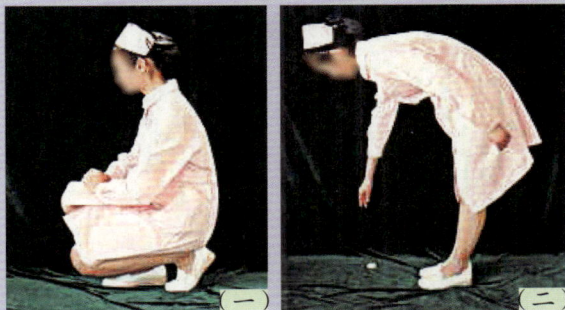 | • 左脚后退一小步<br>• 双手手背从身后压住衣裙往下捋 |
| 第二步<br>压裙下蹲 | 分腿捋裙　压裙下蹲 | • 臀部以下翻转手背以手掌压住衣裙<br>• 双膝靠拢蹲下 |

续表

| 训练步骤 | 动作要领 |
|---|---|
| 第三步<br>固裙拾物 | <br>固裙拾物<br><br>● 挺胸收腹，以左脚支撑身体<br>● 双手交叉轻放于右腿面<br>● 臀部向下，避免撅臀<br>● 立腰提气，忌塌腰驼背 |

### 5. 手姿

手姿，即手势，是一个人的双手及手臂所做的动作。它既可以是一种静态的造型，也可以是一种动态的表达。手是人的身体上最灵活自如的一个部位，所以手势在举止仪态礼仪之中最丰富、最有表现力。作为护士在为患者的护理操作中离不开手的动作，因此正确理解、掌握、运用不同的手势是护士举止礼仪学习的重要内容。基本手姿见表4-14。

表 4-14　基本手姿

| 手姿 | 方法 |
|---|---|
| 垂放 | 　　垂放是最基本的手姿。做法：一是双手自然下垂，掌心向内，叠放或相握于腹前；二是双手伸直下垂，掌心向内，分别贴放于大腿外侧。 |
| 背手 | 　　背手多见于站立和行走时。做法：双臂伸到身后，双手相握，同时昂首挺胸。背手的动作既可以显示权威，又可以镇定自己 |

| 手姿 | | 方法 |
| --- | --- | --- |
| 持物 | | 做法：可用一只手，也可用双手，拿东西时要动作自然，五指并拢，用力均匀，不要跷起无名指与小指，以避免故作姿态之嫌 |
| 鼓掌 | | 做法：右手掌心向下，有节奏地拍击掌心向上的左掌。必要时，应起身站立。不允许鼓倒掌，因其有反对、讽刺、挖苦、驱赶等含义 |
| 夸奖 | | 夸奖手势主要用以表扬他人。做法：伸出右手，跷起拇指，指尖向上，指腹面向被夸奖的人。人际交往中禁止将右手拇指指向自己的鼻尖，因为有自高自大、不可一世的意思 |
| 指示 | | 在医院中用该手势引导患者、来宾或为他人指示方向。做法：以右手或左手抬至一定高度，五指并拢，掌心向上，以肘部为轴，朝一定方向伸出手臂 |

🔗 链接一下

## 禁忌手姿

◆ **不卫生的手姿**：在他人面前搔头皮、掏耳朵、挖眼屎、抠鼻孔、剔牙齿、摸脚丫、挠痒痒等手姿，都是极不卫生的手姿。

◆ **不稳重的手姿**：在公共场合，双手乱动、乱摸、乱放或咬指尖、抬胳膊、抱大腿、拢脑袋等手姿，均为不稳重的手姿。

◆ **失敬于人的手姿**：掌心向下挥动手臂，勾动食指或拇指之外的其他四指招呼他人，用手指指点他人，都是失敬于人的手姿。特别是用单手食指指向他人有斥责、教训之意，尤为失礼，应当禁止。

**找一找**

用4-8所示的动作错在哪里，你能找出来吗？

（一）　　　　（二）　　　　（三）

图 4-8

**练一练**

## 基本手姿

请按照表4-6进行基本手姿的训练，明确哪些是正确的手姿，哪些是禁忌的手姿。

### 6. 致意

致意是一种常用的礼节，它表示问候之意。通常用于在人际交往的各种场合打招呼。医院作为一个公共服务场所，医务人员每天都要接触大量社会人员，如何向他人恰当地表达问候，让其感受到温暖与尊重，是每位护士都应该掌握的基本礼仪。

致意的姿势包括以下几种（表4-15）。

表 4-15　常见致意姿势

| 致意形式 | 动作 | 适用范围 |
| --- | --- | --- |
| 起立致意 | 由座位上主动起身，面向对方，站定站直微笑致意 | 常用于较正式的场合 |
| 举手致意 | 一般不必出声，只将右臂伸直，掌心朝向对方，轻轻摆一下即可 | 适用于向距离较远的熟人打招呼 |
| 点头致意 | 面向对方，头微微向下一动，幅度不必太大 | 适用于不便与对方直接交谈的场合 |
| 欠身致意 | 全身或身体的上部微微向前一躬，表示对他人的恭敬 | 适用的场合较广 |
| 脱帽致意 | 朋友、熟人见面若戴着有檐的帽子，则以脱帽致意最为适宜 | 这是男子戴帽时行的礼 |
| 抱拳致意 | 以左手抱右手，自然抱合，松紧适度，拱手，于胸前自然地微微晃动，不宜过烈、过高 | 是一种互相致敬的举止，通常用于身份、年龄相仿的男士之间 |

续表

| 致意形式 | 动作 | 适用范围 |
|---|---|---|
| 鞠躬致意 | 立正，双手下垂，上身前倾弯腰，下弯幅度可根据施礼对象和场合决定鞠躬的度数，幅度大于欠身 | 表示对他人的尊敬，适用于庄严肃穆、喜庆欢乐的仪式，也适用于一般的社交场合 |

### 链接一下

#### 致意须知

◆ 在各种场合，男士应先向女士致意。

◆ 在各种场合，年轻者先向年长者致意。

◆ 在各种场合，学生先向先生致意。

◆ 在各种场合，下级先向上级致意。

◆ 遇到对方向自己致意，应以同样的方式向对方致意，毫无反应是失礼的。

### 练一练

#### 致意训练

请根据表4-15的方法进行分组练习，想一想护士在临床工作中常用的致意方式主要是哪几种？

## 二、工作中的举止

护士每天穿梭于病区，轻巧而灵便地来往于患者之间，她们的一举一动，一言一行都会影响患者的情绪。当患者看到护理人员冷漠无礼、言语粗秽、松松散散时，首先产生的是恶性刺激，没有安全感，即使医术再高，患者也会疑虑重重、提心吊胆，导致影响治疗效果和身心健康。因此，护士在工作中的言行举止必须符合护理职业规范，以取得患者信任，增进患者健康。

### （一）基本姿态

#### 1. 站立有相

护士在工作中的站姿应体现出规范稳重、礼貌诚恳、端庄挺拔而富有朝气，一般采用"V"字形、"丁"字形或双脚平行站姿。

切忌站立时双脚叉开过大或双腿交叉，头歪、肩斜、臂曲、胸凹、腹凸、背弓、臀撅、膝屈，或双手插在口袋里，手叉着腰，扶肩搭背、身体颠晃，懒洋洋地倚靠在患者床边、墙边。手脚不要随意乱动，避免一些小动作，比如玩弄衣服、医疗器械，鞋子半脱不脱等。

### 2. 落座有姿

护士在工作期间要表现出强烈的服务意识，不应随意就座，不应在患者面前流露出倦怠、疲劳或懒散的姿态，应按规范的坐姿入座，呈现端庄与稳重。

切忌坐时仰头靠在座位背上，或低头注视地面，左顾右盼，双手端臂、双手抱于脑后或双手夹在大腿中间。不可在患者面前跷二郎腿，或两腿直伸开。

### 3. 行走有态

古语说："站如松，坐如钟，行如风。"护士在工作中的行走就应该敏捷、轻盈，恰似一阵微风吹过，让患者感受到一种青春的活力。

切忌在行走时出现方向不定、左顾右盼、速度多变、八字步态等举止。

另外，护士走路的快慢也有讲究，走路太慢会给人造成工作松懈的感觉，因此护士的正常行走应稍快于常人，表现出稳健快捷、灵敏干练的职业素质。如果是在抢救患者、处理急诊、应答患者呼唤时，为了赶速度、抢时间则应以快行步达到"以行代跑"的目的。在快走时应避免快而慌乱，应保持上身平稳、肌肉放松、步幅减小、弹足有力，给人以矫健、轻快、从容不迫的动态美。

### 4. 拾物有礼

护士在捡拾地上物品时要注意美观优雅，保持上身挺直，屈膝蹲位，护好衣裙不沾地。忌弯腰、俯首、撅臀等动作，这样会有失雅观。

## （二）服务姿态

### 1. 鞠躬

护士在迎送患者的过程中经常会用到鞠躬，这个动作不但可以表示出对患者的尊重，还可以使患者感到亲切、温暖，消除陌生感、恐惧感，进而可消除患者焦虑不安与紧张的情绪。

鞠躬的程度可以表达不同的意思。例如，弯腰15°左右，表示致谢或致意；弯腰30°左右，表示诚恳和歉意；弯腰90°左右，表示忏悔、改过和谢罪。护士在工作中面对患者一般只需弯腰15°左右即可（图4-9）。行鞠躬礼时，应取立正姿势（女性双手叠交置于小腹处，男性双手分别置于两侧裤缝线稍前的地方），双目注视受礼者，面带微笑，以腰部为轴，

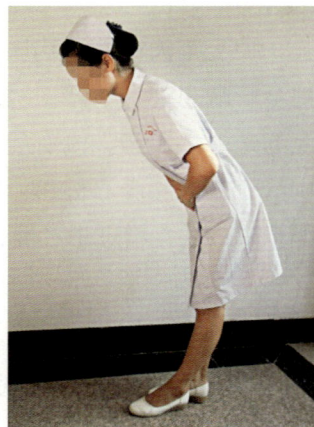

图 4-9　鞠躬

整个腰及肩部向前倾斜15°～30°，目光也随鞠躬自然下垂，表示一种谦恭的态度。注意不得夹肩膀、低头，整个人的姿态应该是腰弯，背和脖子不弯。行礼时，可以同时问候"您好""早上好""有什么需要帮助的吗"等。鞠躬礼毕，直起身时，双目还应有礼貌地注视对方，使人感到是诚心诚意的。

切忌行礼时伸脖子挺下颌，勾肩驼背，女性在弯腰的过程中双手不要捂住肚子抬肘过高，会让人感觉像是肚子痛。

### 2. 指引

由于患者对医院的科室和环境不熟悉，所以在工作中护士经常需要用指引的手势去帮助患者（图4-10）。通过护士正确的引领，能使来宾或患者安全、准确到达目的地。同时护士优美正确的引领会给人以真诚服务的深刻印象。

图4-10 指引

指引的手势有前摆式、回摆式和直臂式等，我们一般采用前摆式。指引的动作可分为三步：

（1）前倾：上半身微前倾同鞠躬，幅度15°左右。

（2）转头：将头转向来宾的方向，目视来宾，面带微笑。

（3）伸手：四指并拢，拇指靠向食指，手掌伸直，由身体的一侧自下而上抬起，停在所指的方向，注意掌高于肘，掌心微侧，不要向上。

指引时身体应保持垂直于地面，不要往指引的方向扭曲。手臂应停在身体的前面，不要放到躯干后面。

请指出图4-11所示动作错在哪里？

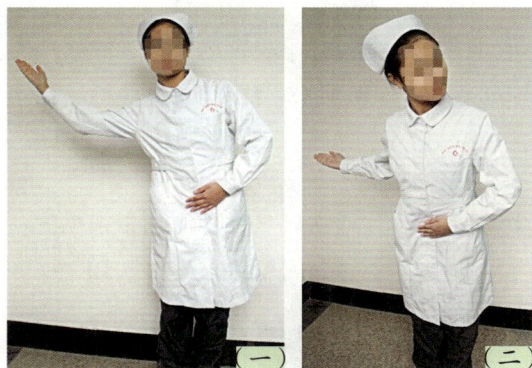

图4-11

## （三）操作姿态

### 1. 端治疗盘

端治疗盘时护士应双手端托治疗盘底缘中1/3处，拇指在盘两侧边缘，其他四指自然分开，托住盘底。盘内缘距躯干3~5cm，前臂与上臂呈90°，肘关节紧贴腰部，前臂同上臂及手一起用力（图4-12）。注意保持治疗盘重心平稳。开门时不可用脚踢门，可用肩部或肘部将门轻轻推开。

为了保持盘中物品清洁无菌，切忌拇指放进盘中，治疗盘也不能触及护士服。

### 2. 持病历夹

手持病历夹右下缘中段处，轻放在同侧胸前，病历夹正面向内，稍外展，另一手自然下垂；或一手握住病历夹中部，轻放在侧腰，持物手靠紧腰部（图4-13）。翻阅病历夹时，将夹放于左手前臂上，左臂靠近躯干，以右手拇指、食指从缺口处滑至边缘，向上轻轻翻开。

### 3. 推治疗车

护理人员推治疗车时，应给人以美感和安全感，使用中要注意车速适中、平稳安全。护士推车时应用双手扶住车缘两侧，双臂均匀用力，把稳方向，躯干略向前倾，重心集中于前臂，抬头、挺胸、直背，轻巧地向前推进（图4-14）。进入病房前应先停车，用手轻轻推开门后，才能推车入室至患者床边进行操作，严禁用治疗车撞击房门。

切忌用手拽着车走，这样不仅看起来不雅观，而且会给病区带来噪声。

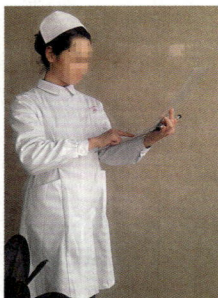

图 4-12　端治疗盘　　　　图 4-13　持病历夹　　　　图 4-14　推治疗车

**找一找**

图4-15所示的动作错在哪里，你能找出来吗？

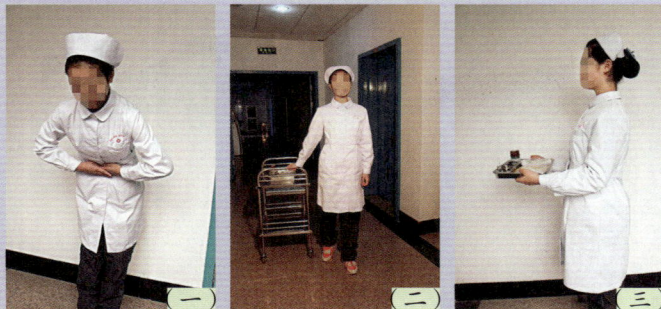

图 4-15

104

**练一练**

**工作中的举止训练**

请严格按照书本中的要求，对护士工作中的站、坐、走、拾物、鞠躬、指引、端盘、持夹、推车等礼仪行为进行训练。

## 三、工作中的表情

护士是特殊的服务行业，在患者眼中，护士应是举止文雅、端庄大方、谦虚可敬、温柔可亲、值得信赖的天使。因此，护士在工作中不仅要有优雅的仪态举止，还要运用恰当的面部表情，向患者传达亲切和关爱，给患者以安全信赖感，为护患之间架起一道心灵沟通的桥梁。

### 1. 目光的交流

（1）目光的含义：眼睛是心灵的窗户，眼神最能倾诉情感、沟通心灵，眼神的千变万化表达着人们丰富的内心世界。不同的目光分别有其特殊含义：正视对方，表示尊敬；斜视对方，表示藐视；看的次数多，表示重视。眼神的作用复杂而有深刻的含义。

（2）目光注视的部位：护士与患者进行交流时，目光应注视对方的双眼，表示正在全神贯注地倾听其谈话。但注视的时间不能过长，以免双方感到尴尬。要自然平视、锁定对方的目光，表明自己的坦诚大方及关注尊重。也可交替着将目光落在对方眼以下、颈部以上部位，自然地让眼睛的余光看到对方表情。用自然亲切、不卑不亢的适度对视，表示注意和接纳对方。

（3）目光注视的时间：在医生、护士与患者交流的时候，视线接触对方的时间应占谈话时间的30%~60%，医生和护士要学会用心去观察对方的眼神，从对方目光的真实态度中来调整自己与对方交流的方式、态度，以求得到更好的沟通效果。

（4）目光注视的角度：护患交流最常采用的是正视、平视或者俯视。在接待患者或家属时采用正视，以表示尊重；在交谈了解病情时可采用平视，以表示双方的平等；在为患者进行护理操作时常用俯视，以表示关爱之情。

（5）目光注视的对象及蕴含的情感：面对老年患者，目光可略微向下，以表示恭敬；面对儿童患者，目光应亲切宁和，以表现爱心；面对急症患者，目光应专注而关切，以表达同感心；面对康复的患者，目光应热情洋溢，以表达由衷祝贺；对待去世患者的家人，目光应沉痛哀伤，以表示同情哀思。总之，面对患者的目光应表现出"急患者所急、想患者所想"，不得出现斜视、轻视、鄙视等目光。

另外，在护患交流的过程中，护士要不断地运用目光表达自己的意愿、情感，还要适当观察患者的目光，特别是患者疑虑、忧伤、烦躁、惊恐等目光。当护士遇到抑郁的患者，应该用温和、期待的眼神进行疏导、劝慰，使患者对护士产生信任感，愿意把自己内心深处的苦衷倾诉出来，护患心灵得到沟通。当患者愿意把自己的心里话说出来时，护士要用真诚的目光注视对方，认真听取患者的每一句话，这样，一方面表示对患者的尊重；另一方面能了解对患者治疗有利和不利的各种因素，为治疗护理提供材料，使患者的生理、心理得到双重满足，最终提高护理服务的质量。

**链接一下**

### 目光交流中要注意避免的 10 种眼神

①目光漂浮不定；②睨视、斜视；③视而不见；④操作时视线不集中在手的操作部位；⑤眯着眼睛注视人；⑥眼睛始终不看患者；⑦交流时目光躲闪、不敢正视对方；⑧将目光移来移去，上下左右反复打量；⑨目不转睛；⑩将目光凝聚在对方面部某个部位。

**练一练**

### 工作中的目光训练

护患目光交流训练，采取对镜独练、角色扮演等方式模拟面对不同患者，以及患者特殊状态时护士应有的目光，要求不同对象、场合能使用不同的目光与患者恰当交流。

### 2. 微笑的表达

微笑是一种无声的语言，微笑是交流信息的手段。真诚的微笑是美的象征，是爱心的体现。可以说，微笑在我们的日常护理工作中发挥着重要的作用。在以患者为中心、整体护理的今天，患者对我们的要求已经不仅仅限于是医疗操作的执行者了。他们需要感受温暖，得到尊重。对一位首次来住院的患者，我们微笑迎接，送上一句简单的问候，会给患者很大的安慰，能使他们消除陌生感，从而增强患者战胜疾病的信心和勇气；在日常治疗护理中，给患者一个自信而坚定的微笑，能消除紧张，打消顾虑，使他们更好地配合治疗；当患者病情好转和康复时，给予一个赞许的微笑，说一句鼓励的话语，能愉悦患者曾经伤痛的心；当面对临终或"回天无术"的患者时，除了做好必要的解释，坦陈自己的内疚和无奈之外，也不要忘记表达歉意与渴望谅解的微笑。只要身穿护士服，工作在临床一线，就要学会面带微笑，真诚地微笑。

（1）微笑的特征：面带笑容，嘴角微微抿起，唇部向上移动略呈弧形，微露牙齿，不发笑声，面部肌肉放松，给人自信、友善和真诚的美好感觉（图4-16）。微笑在人际交往中使用范围最广，被称为"人际交往的通行证"。

（2）微笑时要注意几个方面。

图4-16　微笑

① 自然真诚：要求微笑发自内心，无任何做作之态，只有笑得真诚，才能显得亲切自然，使人感到轻松愉快。

② 把握尺度：微笑在一定程度上能感染和调节患者的情绪，使患者感到温馨，产生愉快。但不合时宜的笑容，可以引起误解，甚至引发矛盾冲突。例如，面带微笑接诊剧烈疼痛的急诊患者时，就会引起患者和家属的反感，伤害他们的自尊和感情。因此，我们应根据场合、环境以及当时情境下患者的心态，恰当地运用微笑表达感情。

③ 注意禁忌：笑的种类很多，那些含有贬义的笑在护理工作中绝对不能出现。如冷漠无情的假笑、话中带刺的讥笑、幸灾乐祸的暗笑等。

一个真诚的微笑，拉近了人与人之间的距离，增加了理解与包容。即使是面戴口罩，挡住了容貌，也挡不住护士的微笑，这种微笑，不仅仅是护士仁爱之心的自然流露，更是崇高价值追求的鲜明表现。

**练一练**

### 工作中的微笑训练

1. 咬筷子训练：对着镜子用门牙轻轻咬住筷子，嘴角微微翘起，状态稳定后，拔出筷子，维持原状。

2. 戴口罩训练：面对镜子，戴上口罩，根据微笑的特征进行训练，要求能从目光中流露出笑意。

# 任务三　临床工作礼仪

## 我们的目标是……

◎ 了解护士工作中的言谈礼仪
◎ 熟悉临床常见操作中的礼仪规范

## 我们的任务是……

◎ 结合临床工作中的交谈礼仪、行为礼仪，学会正确接待患者和常见护理操作中的正确沟通

**现场直击
布置任务**

　　产房里护士正在检查新生儿的啼哭反射，突然宝宝被羊水呛到，一下没了哭声，小脸也由红变紫，护士急忙要求家属去叫医生，家属急得在走廊里大喊医生，这时当班的女医生边走边说："喊什么喊，我不是来了吗？"家属听了很不是滋味，对该医生的意见很大。

　　思考：为什么家属对这名医生的意见很大？你认为怎样说比较合适？

一、学会运用恰当的言谈礼仪与患者沟通。
二、学会运用恰当的言谈和行为礼仪接待患者。
三、学会在操作过程中与患者保持良好沟通。

## 任务实施中……

　　21世纪，对人健康的定义已由过去的身体健壮、没有生病转化为生理、心理、社会适应与道德四个方面的良好状况。由此带来了医学模式和护理模式的重大转变和提升，

我们的护理工作逐步从以"疾病"为中心转向以"患者"为中心。这就需要我们广大护理人员更新观念、转变职能，不仅要具备丰富的护理基础知识与过硬的护理技能，还要在临床工作中运用恰当的言谈举止和沟通技巧，与患者和家属进行有效的信息交流和情感传递。只有拉近了护患距离，营造出和谐、互信的护患关系，才能更好地服务患者。

# 一、言谈礼仪

言谈，指言语和谈吐的总称，是人们以口头形式运用语言来传递信息、交流思想、增进了解和加深认识的一种活动过程。言谈礼仪是指人们在运用语言进行交谈过程中的礼仪规范。由于职业的特殊性，护士的言谈既可以"治病"，也可以"致病"，因此，护士必须掌握言谈的礼仪，更好地为患者提供高质量的护理服务。

文明用语是言谈的基本礼仪要求，作为一名医护人员，言谈一定要用文明优雅的语言，所以在护患交谈时，应合理使用敬语、雅语等礼貌用语。

## 1. 敬语

敬语是一种有礼貌、尊敬人的语言，它是构成文雅谈吐的重要组成部分，是展示谈话人风度与魅力必不可少的基本要素之一。使用敬语，是尊人与尊己相统一的重要手段。

敬语，特别是常用敬语，主要在以下几个场景使用：

（1）见面问候。日常见面，彼此问候"您好""早上好"。在这里一个敬语能表示尊重，显示亲切，给予友情，同时也显示了自己的教养、风度和礼貌。

（2）表示感谢。对他人给予的帮助、支持、关照、尊重等表示感谢，由衷地说一声"谢谢"。

（3）托事道请。人生在世，不可能"万事不求人"。向别人提出请求时，言语中冠以"请"字，且语气诚恳，会赢得对方理解、支持。

（4）失礼致歉。现代社会，人际接触日益频繁，当你不慎失礼于他人的时候，能及时真诚地说一声"对不起""打扰您了"，就会使对方趋怒的情绪得到缓解，化干戈为玉帛。

除了以上四大类外，生活中还有如下敬语可展现人的风度与魅力。

拜托语言："请多关照""承蒙关照""拜托"等；

征询语言："我可以吗?""您介意吗?"等；

安慰语言："请别担心""请保重"等；

赞赏语言："太好了""太棒了""真了不起"等；

同情语言："真难为您了""您太苦了"等；

欢迎语言："欢迎咨询""欢迎提出宝贵意见"等；

告别语言："一路平安""一路顺风"等。

## 2. 雅语

雅语是指一些比较文雅的词语。雅语常常在一些正规的场合，被用来替代那些比较随便、粗俗或是忌讳的话语。使用雅语，能体现出一个人的文化素养以及尊重他人的个人素质。请人原谅说"包涵"，求人帮忙说"劳驾"，向人提问说"请教"，得人帮助说"谢谢"，祝人健康说"保重"，向人祝贺说"恭喜"等。另外，在医院工作中我们还把有些语言用来替代俗语或忌讳的话。如把"怀孕"说成"有喜"，把"月经"说成"例假"，把"厕所"说成"洗手间"或"卫生间"，把"腿脚残疾"说成"行动不便"，把"死亡"说成"去世"或隐讳成"心跳呼吸停止"等。敬语、雅语的使用不是机械的、固定的。护士的言谈举止彬彬有礼，人们就会对你的个人修养留下较深的印象。只要大家对这类语言正确、恰当、灵活地运用，必然会形成文明、高尚的社会风气同时促进良好的医患、护患沟通。

**练一练**

以下情境中护士该怎么说？

1. 护士接待新住院的患者时……
2. 护士早上晨间护理时……
3. 因家中有事想与同事换班时……
4. 把新生宝宝抱给妈妈看第一眼时……
5. 即将手术的患者对术后疼痛充满担心时……
6. 康复治疗的患者自己能走出第一步时……

请同学们合理使用敬语和雅语来设计情境对话，做好各种沟通。

## 3. 工作中的禁忌语

作为护理人员应将人文关怀融入语言中，让患者体会到护理人员真诚的爱心和呵护，有些语言和话题应尽量避免。

（1）忌谈的话题：隐私、伤感、不快的话题。

个人往往有些不希望被他人了解或不想在谈话中涉及的话题，如年龄、收入、婚恋、家庭、健康、经历等，除非与疾病或治疗相关，否则医护人员与患者的交流中不应涉及这些话题。

（2）忌用的语气：命令式、质问式的语气。

命令式和质问式的语气会让人产生被驱使、被训斥的感觉，缺乏对他人的尊重，感情上让人难以接受，容易产生抵触情绪，不利于交流的进行。护患关系已经从过去的支配服从型模式逐步走向指导合作型及共同参与型模式，因此，护士与患者的交流中也应摒弃命令、质问的口吻，让患者充分感受尊重，从而积极配合。

（3）忌用的言语：不文明、推脱责任的话。

在公共场合出现粗话、脏话是应被禁止的。同时面对患者的众多疑问，护士回复"这个我不知道""这件事我不清楚，你去问××"这类推脱责任的话，则会让患者感到被忽视，从而影响护患关系，因此也是被禁止的。

**想一想**

面对患者时哪些话不能说（患者不喜欢听）？
请同学们根据上面工作禁忌语的类型举一些常见的例子。

## 二、接待礼仪

医院积极开展护理礼仪服务，就是要把优质的服务渗透到护理工作的各个环节。严格遵守有关礼仪规范，热情接待每位到院的患者，展示最佳的精神面貌和温文有礼的职业形象，能使患者减少恐惧，感受温暖，增加信任，积极配合，从而促进治疗护理的顺利进行（表4-16）。

表 4-16　接待礼仪

| 接待场景 | 表情 | 语言 | 动作 |
|---|---|---|---|
| 门诊 | <br>面带笑容，热情真诚 | 主动相迎："您好！请问需要帮忙吗？……请先到挂号处挂××科号，然后前往诊室排队就诊，如不熟悉医院环境，我可以带您去。" | 微笑、起立迎接患者，站、坐、走姿规范端正，表现稳重、端庄，使患者感到真诚关爱 |
| 急诊 | <br>积极关切，避免惊慌 | 提问家属："请问他哪里不舒服？什么时候开始这样的？……我们已及时联系医生，会全力抢救的，请放心！" | 充分准备，急而不慌，救治及时，忙而有序，团结协作，文明礼貌 |

续表

| 接待场景 | 表情 | 语言 | 动作 |
|---|---|---|---|
| 住院 | <br>点头微笑，亲切相迎 | 亲切称呼："您好！这是为您安排的床位，我是您的责任护士××，我为您介绍一下病房的环境好吗？这些东西（列举物名）是供您使用的……您还有什么需求请及时告诉我们，也可以使用呼叫铃，我们会及时来看您的。" | 主动起立迎接患者作自我介绍，帮患者拿行李，扶患者入病房休息，轻握患者的手，给予关切问候和心理支持，介绍住院规则和环境 |
| 手术 | <br>表情祥和，安静温和 | 核对姓名，安慰鼓励："您是3床××吗？我来接您去手术室，您的主刀医生很有经验，而且对患者非常负责，您就放心好了。" | 态度温和、语言亲切，可轻握患者的手或轻拍患者的肩，使患者获得安全感和心理支持 |

**练一练**

### 患者接待训练

1. 门诊接待训练：根据门诊接待要求的表情、语言、动作，设计一段情景模拟，要求能给患者留下良好的第一印象。

2. 急诊接待思考：依照急诊救护礼仪规程想一想，如何对急诊患者进行快捷准确、合理有序的抢救与护理。

3. 住院接待训练：按照有关护理要求模拟怎样迎接入院患者，如何护送患者进入病区，做好相关介绍。

## 三、操作礼仪

医院工作的重点是疾病治疗，而护理操作正是贯穿在整个治疗过程中的主要内容，更是建立护患关系的重要基础。因此在护理操作中强调礼仪的目的是要用真诚的态度、优雅的举止、文明的语言向患者提供优质的、人性化的护理服务，以真正体现"患者至上"的服务理念，最终营造一种良好、和谐的护患关系。操作礼仪贯穿在

112

整个护理操作过程中，我们可以从操作前、操作中和操作后三个环节来进行礼仪要求（表4-17）。

表4-17　操作礼仪

| 步骤 | 仪表 | 举止 | 语言 |
|---|---|---|---|
| 操作前 | 保持衣帽整齐，清洁无污，整体仪容端庄大方　目光亲切自然，面带微笑，服务态度和蔼可亲 | 行走时轻快敏捷，安静无声；推治疗车或端治疗盘动作规范，姿势美观。如进病房则应先轻声敲门，再轻推门进入，同时随手把门关好；看见患者需点头微笑问好，然后开始各项操作前的准备 | 认真核对相关信息，向患者简单介绍本次操作的目的、方法，患者需要做的准备及操作中可能出现的感觉 |
| 操作中 | | 操作过程中技术娴熟、动作准确轻柔、反应快速敏捷，使患者增加安全感和信任感 | 操作中注意与患者沟通，耐心解释并指导配合方法，动态询问感受，适当安慰鼓励，及时消除疑惑，以获得患者理解和合作 |
| 操作后 | | 操作完毕，整理好相关用物，对患者的配合与支持表示衷心的感谢 | 依据患者情况给予亲切的嘱咐和适当的安慰（包括再次核对信息、询问感受、观察是否达到预期效果、交代注意事项，对因操作产生的不适给予解释、鼓励等） |

表4-18　操作礼仪的临床实例（静脉输液）

| 步骤 | 表情举止 | 语言 |
|---|---|---|
| 操作前 | 自身准备妥当，推治疗车或端治疗盘轻声快步进入病房，姿势优雅。看见患者点头微笑、问好，看清床头卡上的床号及姓名。然后开始各项操作前的准备 | 护士："您好！请问您叫什么名字？哦！是李××李先生，让我再看一下您的腕带，请把手伸出来。20床，李××，男，住院号46289……好的，请把手放回被子里吧！由于您得了急性肠胃炎，又吐又泄的，容易脱水。医生给您开了3袋盐水。您觉得挂在哪只手上更方便呢？右手？好的，让我来看看您的血管情况……（查看患者血管，动作轻柔）嗯！这根血管还不错，就扎这里吧！输液时间比较长，大约需要5小时。您需要去洗手间吗？哦！刚刚去过是吧？好的，那请您稍等，我准备一下。" |

续表

| 步骤 | 表情举止 | 语言 |
|---|---|---|
| 操作中 | 核对，挂输液袋于输液天轨，排气，挂妥……铺好治疗巾，扎紧止血带，选定进针的血管，消毒，自信、麻利地穿刺，胶布固定针头，表情专注、技术娴熟、动作准确轻柔，使患者增加安全感和信任感 | 护士："请把您的手伸出来。带子这样扎不痛吧？我先给您消消毒。"<br>患者："我的血管好扎吗？"<br>护士："还行，您手上的表浅血管很明显，我会尽力的，请您握紧拳头。……好了，请松手，打针这里现在不痛吧？嗯！您看，回血多好！……好了，现在可以把手放好了。" |
| 操作后 | 取出护士表查看滴速，整理好相关用物，对患者进行指导并致谢 | 护士："李先生，现在盐水已经给您挂上了，滴速是根据您的药物和身体情况调节的，请不要随意改变。如果感觉有什么不舒服，请按呼叫器，我会及时过来看您的。如果输液器不滴，输液部位有肿胀、疼痛或液体输完时，也请按铃叫我，我会及时来处理的。谢谢您的配合，请好好休息！" |

**练一练**

1. 操作礼仪训练

请结合临床护理实际，借鉴上面范例的模式，根据操作前的解释、操作中的指导和操作后的嘱咐三步，进行以下操作的礼仪情景训练。

（1）测量生命体征（体温、脉搏、呼吸、血压）。

（2）肌内注射法。

（3）口腔护理。

（4）氧气吸入疗法。

2. 想想下列场景中作为护士应该怎么说，怎么做？

| 场景 | 语言 | 动作 |
| --- | --- | --- |
| 静脉穿刺不成功 | 亲切称呼："对不起，穿刺没有成功，让您受苦了，实在对不起。" | 按操作规程进行第二次穿刺，若第二次仍不成功，换较有经验的护士来穿刺。如发现局部肿胀或出血应立即处理 |
| 见到年老、行动不便的人 | | |
| 呼叫器铃响时 | | |
| 发药时 | | |
| 帮患者翻身 | | |
| 患者吸烟时 | | |
| 发住院收费清单 | | |
| 患者主诉不适时 | | |
| 因工作忙，一时无暇处理患者时 | | |
| 面对等候时间较长的患者 | | |
| 测量体温前 | | |
| 送患者出院 | | |

## 护考"120"

一、填空题

1. 医护人员的发型要求：长发应盘起，短发做到前不过_____，侧不过_____，后不过领，短发的长度不超过耳下3cm。

2. 佩戴燕帽时，帽檐距前发际线_____cm。

3. _____表情在人际交往中使用范围最广，被称为"人际交往的通行证"。

4. _____是心灵的窗户，护士应正确运用目光交流，架起护患沟通的桥梁。

5. 女性站姿应体现规范稳重，一般采用"V"字形和_____字形站姿，切忌分腿站立。

二、单选题

6. 有关护士着装的要求，不正确的是（　　）

A. 内衣的领子、袖口不外露　　　　B. 护士服干净无污渍

C. 扣子掉了需及时缝好　　　　　　D. 夏天天热可穿凉鞋

E. 内衣的裙摆不得超过护士服的裙长

7. 病人，男性，48岁，胃溃疡，胃大部分切除术后，病人今日康复出院。主管护士对病人说："您回家要多休息和按时服药，注意饮食，并按规定时间来复查。您慢走。"这属于（　　）

A. 指导用语　B. 解释用语　C. 迎送用语　D. 招呼用语　E. 安慰用语

8. 护士推治疗车时错误的做法是（　　）

A. 双臂均匀用力　　　　　　　　　B. 车速适中，平稳安全

C. 躯干略向前倾，重心集中于前臂　D. 双手扶住车缘两侧

E. 进病房时用治疗车轻轻地顶开房门

9. 护士面对患者时正确的目光交流是（　　）

A. 目光飘忽不定　　　　　　　　　B. 眼睛始终不看患者

C. 注视患者的眼睛　　　　　　　　D. 上下打量患者

E. 目不转睛盯着患者

10. 护士面部表情的要求不包括（　　）

A. 在倾听患者主诉时，表情专注和友好　B. 抢救患者时，表情凝重

C. 对疾病缠身的患者表现出关注和抚慰　D. 面对疼痛的患者面带微笑

E. 在任何情况下都不能表现出不满或气愤

三、多项选择题

11. 医护人员仪容修饰的原则是（　　）

A. 整洁　　B. 得体　　　C. 简约　　D. 端庄　　　E. 高雅

12. 有关护士仪表的叙述，正确的是（　　）

A. 护士的衣着应平整、简洁、大方

B. 仪容清新素颜

C. 可简单的化淡妆

D. 护士的姿态应体现护士的高傲品质

E. 护士的步速快、步幅小而均匀

13. 以下站姿的动作要领，正确的是（　　）

A. 头正、颈直　　　B. 目光平视前方　　C. 下颌微收

D. 两肩平展　　　　E. 挺胸收腹

14．护士在端治疗盘时，正确的做法是（　　　　）

    A．前臂与上臂呈90°
                  B．双手端托治疗盘底缘中1/3处

    C．切忌拇指放进盘中
                    D．治疗盘不能触碰护士服

    E．肘关节夹紧腰部

15．笑的种类很多，以下哪些不应在护理工作中出现（　　　　）

    A．冷漠无情的假笑
                    B．欢迎尊重的微笑

    C．话中带刺的讥笑
                    D．幸灾乐祸的暗笑

    E．讽刺挖苦的冷笑

四、判断题

16．为了便于护理操作，护士在工作岗位上不可佩戴戒指、手链、手镯。（　　　　）

17．为了体现良好的职业风貌，增加个人气质和自信，护士在工作中必须化妆。（　　　　）

18．护士坐姿需展示高雅庄重的风范，女性落座不可分腿，只能坐椅子的1/2。（　　　　）

19．为了表达对患者的尊重，护士在工作中始终要保持微笑。（　　　　）

20．21世纪，护理模式逐步从以"治疗"为中心的疾病护理，转向以"患者"为中心的整体护理。（　　　　）

# 项目五
## 学会沟通

沟通中的信息表达比例

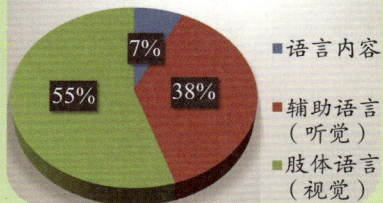

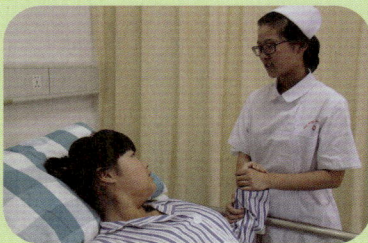

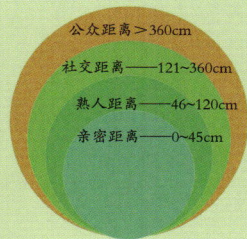

- 7% 语言内容
- 38% 辅助语言（听觉）
- 55% 肢体语言（视觉）

公众距离＞360cm
社交距离——121~360cm
熟人距离——46~120cm
亲密距离——0~45cm

# 任务一　领悟人际沟通

## 我们的目标是……

◎ 掌握人际沟通的类型和原则

◎ 熟悉人际沟通的要素

◎ 了解影响人际沟通的因素

## 我们的任务是……

◎ 学会运用各种人际沟通类型达到良好的沟通效果，避免沟通中的不良因素

◎ 结合案例进行情景模拟训练

**现场直击
布置任务**

张某，男，81岁，有高血压史，凌晨三点下床上厕所时，突然感到一阵头晕摔倒在地。家属发现后急忙送到市某医院急诊室。急诊室的值班护士进行了接诊和妥善的处理，特别是护士良好的沟通能力获得患者和家属的认可。

一、什么是人际沟通？人际沟通有哪些要素？

二、人际沟通的类型又有哪些？

## 任务实施中……

### 一、人际沟通的要素

**读一读**

**智慧小故事**

　　一把坚实的大锁挂在铁门上，一根铁杆费了九牛二虎之力，还是无法将它撬开。钥匙来了，它瘦小的身子钻进锁孔，只轻轻一转，那大锁就"啪"的一声打开了。铁杆奇怪地问："为什么我费了那么大力气也打不开，而你却轻而易举地就把它打开了呢?"钥匙说："因为我最了解它的心。"

　　人际沟通是指人们为达到某种目的，通过一定的方式，使彼此了解、相互信任并适应对方的一种活动过程。

　　在人际沟通的过程中包括信息发出者、信息本身、信息传递渠道、信息接收者、反馈、背景六大基本要素。

　　同学们，请在图5-1的白色框中分别标出人际沟通的六大要素。

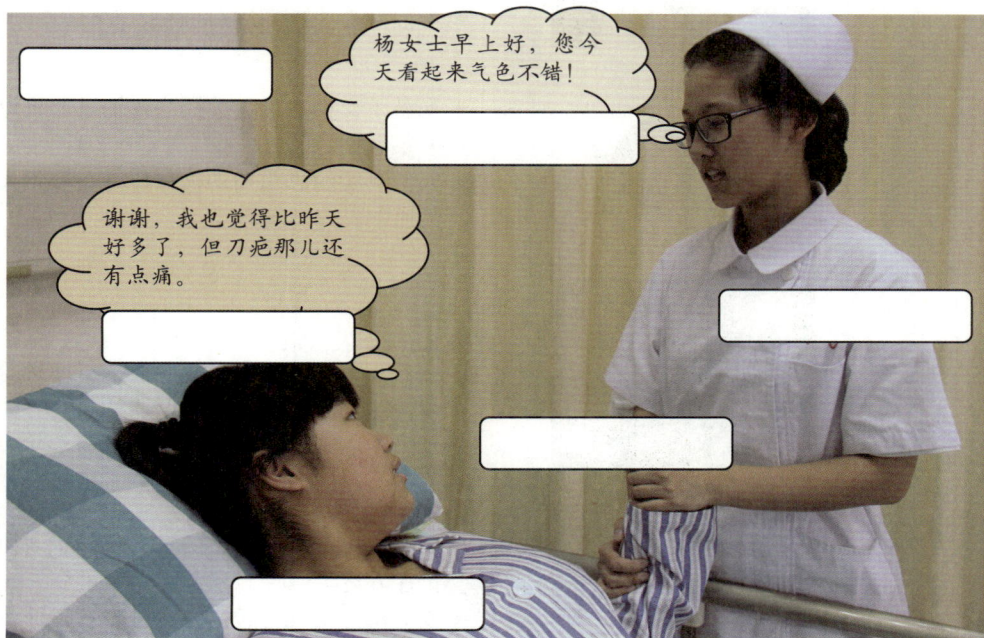

图 5-1　人际沟通的六要素

## 二、人际沟通的类型

依据沟通的不同表现形式，可以把人际沟通划分为不同的类型，具体见表5-1。

表 5-1　沟通的类型

| 划分依据 | 类型 | | |
|---|---|---|---|
| 符号运用形式 | 语言沟通 | | ● 有声的口语沟通又包括谈话、演讲、打电话等形式<br>● 无声的书面沟通又包括写信、发通知、板书等形式 |
| | 非语言沟通 | | ● 包括表情、身体动作、衣着、外形等 |
| 人际沟通的组织形式 | 正式沟通 | | ● 上行沟通（如护士向护士长汇报工作）<br>● 下行沟通（如护理部向各基层科室护士长发出指令）<br>● 平行沟通（如护士之间的工作交接） |
| | 非正式沟通 | | ● 如私下交换意见、传播小道消息、议论某人某事等<br>● 人们真实的思想和动机往往是在非正式的沟通中表露出来的 |
| 沟通信息有无反馈 | 单向沟通 | | ● 如作报告、演讲、下达指标等<br>● 单向沟通速度快，传播面广，但接收者没有反馈意见的机会 |
| | 双向沟通 | | ● 如师生之间的交谈、医护人员与患者协商治疗方案等<br>● 双向沟通准确性较高，接收者有反馈意见的机会 |

沟通是技术更是艺术，为了实现有效沟通，应从沟通的实际出发，把沟通的有效实现作为衡量标准而选择合适的沟通形式、沟通类型或方式，把各种沟通方式巧妙地结合起来，共同发挥它们的积极作用。

**议一议**

1. 你觉得图5-1中的护患沟通良好吗？良好的沟通具体表现在哪里？

2. 相信同学们在日常生活中也是人际沟通的高手，能将你成功沟通的事例与大家一起分享吗？

**想一想**

**案例改编——失败的沟通**

请同学们在课外对本任务开头的张某案例进行改编，使该案例成为一次失败的沟通。

1. 在课堂上进行表演。

2. 思考：影响人际沟通的因素有哪些？人际沟通中的原则有哪些？

## 三、人际沟通的影响因素和原则

卡耐基曾经说过："一个人事业上的成功，只有15%是由于他的专业技术，另外85%靠人际关系、处世技能。"正如有的专家所说："沟通的素质决定了你生命的素质。"但在我们的工作和生活中却常常可以看到，因为沟通不畅而引起各种误解和人际关系紧张，这是我们必须要避免的。人际沟通的影响因素如表5-2所示。

表 5-2　人际沟通的影响因素

| 影响因素 | | 具体内容 |
|---|---|---|
| 个体因素 | 生理因素 | ● 感官的器质性病变，如听觉、视觉的障碍等都会影响正常的人际沟通<br>● 暂时性生理不适，如疲劳、疼痛等，也会不同程度地影响沟通的进行 |

续表

| 影响因素 | | 具体内容 |
|---|---|---|
| 个体因素 | 心理因素 | ● 一般性格外向、活泼、开朗的人容易与人沟通，而内向、拘谨的人容易在沟通中遇到困难<br>● 沟通者在不同的情绪中引发的沟通效果是有差异的，当沟通者心情愉悦时沟通容易成功，愤怒或悲伤时就会影响沟通效果 |
| | 文化因素 | ● 交往的语言、语意差异、态度差异，以及接受教育程度、文化素质和文明水平差异等，均可造成交往障碍<br>● 如语言不通的异国移民无法一下子在新环境中广交朋友 |
| | 沟通技巧 | ● 沟通作为一种技能，是可以通过后天的学习获得和提高的<br>● 如提问技巧、倾听技巧、表情、肢体语言的适时运用等都可以通过训练提高 |
| 环境因素 | 物理环境 | ● 沟通时周围环境的光线、温度、布局、安静程度、干扰因素等都会影响沟通的效果 |
| | 社会环境 | ● 主要指沟通双方的社会角色关系<br>● 不同的社会角色关系有不同的沟通模式，只有采用社会认同的沟通模式，才能得到人们的接纳 |

沟通过程中应遵循的原则：真诚沟通；相互尊重；控制情绪；以心换心；求同存异；不责不怨。

**议一议**

请同学们根据下例情境进行沟通训练，并在课堂上进行比试，看看哪一组的沟通最有效。

情境一：第一印象在沟通中非常重要，当患者第一次住院，对于陌生的环境有些不安时，作为护士的你应该怎么做才能赢得患者及家属的好感？

情境二：李某，女，67岁，家住农村，因糖尿病收治入院。住院期间喜欢将物品随处乱放，为此护士已经提醒过很多次，但效果并不明显。今天你是她的晨检护士，当你看到李某乱哄哄的床和床头柜时，你该如何与她沟通？

# 任务二　学习语言沟通

## 我们的目标是……

◎ 了解语言沟通在护理工作中的重要作用
◎ 掌握语言沟通常见的形式
◎ 能够学会运用语言沟通形式与病患沟通

## 我们的任务是……

◎ 学会语言沟通的技巧
◎ 结合案例进行护患语言沟通模拟训练

## 任务实施中……

现场直击
布置任务

（接上一任务中的案例）张某经急诊室抢救后转入内科病房，内科病房的医生和护士，在接收张某入院并对其进行治疗和护理过程中尽心尽力。住院期间医护人员经常与其沟通，张某积极配合治疗，很快就病愈出院。张某对医护人员的服务非常满意，在出院时还送了内科病房一面锦旗作为感谢。

一、语言沟通的类型有哪些？在语言沟通过程中要注意哪些原则？

二、什么是治疗性沟通？如何在护患交往中运用？

# 一、语言沟通的概念与类型

读一读

传说古时候，天下人都说一种语言。人们在向东迁移时走到一个叫示拿的地方，发现一片平原，于是便住下来。后来他们计划修一座高耸入云的塔，塔顶则直达天庭，用以显示人类团结的智慧与力量。塔很快就造了起来，并且越建越高，事情很快惊动天庭的上帝。上帝担心神至高无上的权威受到威胁，因为天下的人类皆为一个民族，皆说一种语言，他们可以互相理解、互相沟通，在人类力量的凝聚下任何奇迹都可以创造，所以长此以往人类将脱离神的统治。于是上帝施以魔法变乱了人们的语言，使他们无法沟通，高塔也因此无法继续建造。

**1. 语言沟通的概念**

语言是人类最重要的交际工具，是人际沟通的重要载体。语言沟通是人类特有的以语言符号为媒介进行信息交流的一种行为和方式。语言沟通也是护理工作中最重要的沟通形式，是护患之间情感和信息沟通的桥梁。

**2. 语言沟通的类型**

根据媒介的不同，语言沟通可分为口头语言（交谈）和书面语言（表5-3）。

表 5-3　语言沟通的类型

| 类型 | 具体内容 |
| --- | --- |
| 口头语言（交谈）<br><br>护士与患者进行语言交流 | 是指人们在社会交往中凭借口头言语传递信息、交流思想和感情的过程。运用现代技术，也可通过电话、网络实现 |
| 书面语言<br><br>护士提供书面健康指导 | 是指人们运用无声的书面语或以书面文字为载体进行的信息沟通。运用现代技术，也可通过电信计算机网络实现 |

1. 你对"良言一句三冬暖，恶语伤人六月寒"这句话是怎么理解的？
2. 你觉得学会良好的语言沟通对我们的护理工作有什么帮助？

## 二、口头语言（交谈）的类型与技巧

### （一）口头语言（交谈）

#### 1. 交谈的定义

交谈是人类口头表达活动中最常用的一种方式，是一方或双方为着某一个目的，以对话的方式，相互进行思想、感情、信息交流的活动过程。而护患交谈就是医患双方为了患者的健康所进行的一系列的语言沟通，它对融洽护患关系，促进各项护理工作的开展，减少护理纠纷的发生，以及对患者的治疗和康复等都能起到事半功倍的作用。

#### 2. 交谈的类型

按照人数、空间、内容等分类标准，交谈可分为多种类型（表5-4）。

表 5-4　交谈的类型

| 分类标准 | 类型 | | 具体内容 |
|---|---|---|---|
| 按人数 | 个别交谈 | | 是指仅限于两个人之间，在特定环境下（即没有其他人在场）一对一进行的信息交流 |
| | 小组交谈 | | 是指三个人或三个人以上之间的交谈（最佳人数为3~7人，最多不超20人） |
| 按空间 | 面对面交谈 | | 指在彼此的视觉范围内，在口头语言沟通的基础上，辅助以表情、手势等肢体语言来进行的思想、情感等交流 |
| | 非面对面交谈 | | 指沟通者通过电话等现代通信设备进行的交谈方式 |

续表

| 分类标准 | 类型 | 具体内容 |
|---|---|---|
| 按内容 | 一般性交谈 | 指交谈内容没有限制，沟通者相互交流、互相熟悉，减小心理距离，使关系更为融洽的交谈 |
| | 专业性交谈 | 评估性交谈——是护理人员收集患者健康信息的交谈过程 |
| | | 治疗性交谈——是为了解决患者健康问题，帮助患者克服身心障碍，护理人员向患者提供健康服务的重要手段 / 指导性交谈是由护士向患者指出问题发生的原因、实质、针对患者存在的问题、提出解决的方法，并让患者执行。如术前、术后指导，服药指导等 / 非指导性交谈是指一种商讨性交谈，能充分发挥患者认知和解决自身健康问题的潜能，鼓励患者积极参加到治疗和护理过程中，主动改变过去对健康不利的行为方式。如饮食或运动的健康教育 |

**想一想**

以下这些交谈可采用哪些交谈类型？

1. 了解刚入院患者的各项情况。
2. 对高血压患者进行饮食控制的指导。
3. 为即将手术、有较大思想压力的患者解压。

### 3. 交谈的技巧

交谈是护理工作中最重要的沟通方式。护理人员在护理工作过程中，经常需要通过与患者交谈来采集病史、收集资料、核对信息、进行心理护理、健康教育等。可以说，交谈这一语言沟通的主要模式一直贯穿于护理工作的始终。要使交谈达到较好的沟通效果，除了对护理人员的自身素质有较高要求以外，能否恰当地运用各种交谈技巧也是一个重要因素（表5-5）。

表 5-5  交谈的技巧

| 技巧 | 目的 | 原则 | 类型 | 举例 | 注意事项 |
|---|---|---|---|---|---|
| 切入话题 | 使患者放松心情，消除戒备心理，拉近护患距离 | 根据患者的年龄、性别、职业、爱好等特点，找患者感兴趣的、爱听的展开谈话 | 打招呼型话题 | "您今天感觉好点了吗?""昨晚睡得好吗?" | 话题以患者为中心，表现出关心与重视，同时注意时间的把握，需根据谈话内容快速切入主题 |
| | | | 关切型话题 | "今天天气不错，我帮您把窗打开好吗?""您渴了吗?" | |
| | | | 称赞型话题 | "您气色比昨天好多了。""都能下床走动了，训练得不错。" | |
| | | | 杂谈型话题 | "您在看什么书?""这是您女儿吧，真孝顺。" | |
| 巧妙提问 | 收集、核对与患者疾病相关的信息 | 中心性原则（以患者为中心） | 开放式提问 | "您对我们的护理有哪些不满意的地方?""今天您身体感觉怎么样?"——答案没有范围限制（适用于全面了解病情、症状） | 选择适当时机，不打断对方。以封闭式问题开始，适当提开放式问题，不提诱导性问题。交谈时一次提一个问题，注意个体化 |
| | | 温暖性原则（关心对方） | 封闭式提问 | "您对我们的护理满不满意?""今天您还头痛吗?"——答案限制在特定的范围内（适用于确认某一问题、症状等） | |
| 适时结束 | 开头和结尾给人印象最深，要给双方的谈话画上圆满的句号 | 结束语要独特、诚恳，不要突然停止谈话，给人唐突的感觉 | 道谢式 | "今天谢谢您的款待，下次我们再次拜访。" | 留意别人的暗示，掌握好时间，从容地停止交谈 |
| | | | 关照式 | "今天谢谢您的款待，别忘了常给我打电话。" | |
| | | | 道歉式 | "今天真是打扰你们了，谢谢!" | |
| | | | 征询式 | "您看，今天我们就谈到这儿了行吗?" | |
| | | | 邀请式 | "今天谢谢你们的款待，也欢迎你们到我家来玩。" | |
| | | | 祝颂式 | "您今天的菜烧得太好吃了，谢谢!" | |

**试一试**

**与患者交谈训练**

（1）开始交谈练习：护士小王要向关节置换手术患者进行术后康复训练指导，请根据相关原则、类型为她的谈话设计一个合适的开头。

（2）交谈提问练习：门诊室来了一名发热患者，请采用开放式和闭合式提问法分别向他提几个问题，对其进行初步的了解。分析这两种方法的不同之处。

**想一想**

**某护士向患者询问病情**

问：您现在腹部痛还是不痛？回答：不痛。

问：昨天吃饭好还是不好？回答：比较好。

问：您昨晚睡眠好不好？回答：不是很好。

思考：以上这段护患交谈存在什么问题吗？

你认为在护患交谈中开放式和闭合式两种提问方法怎样运用比较合适？

## （二）倾听

### 1. 倾听的定义

倾听指在交谈过程中，一方接收到对方的信息，明确含义并做出反应的过程，这是一种承诺，是对说话者的尊重，是建立或保持关系的一项基本技能。

**读一读**

"上帝赐人以两耳两目，但只有一口，欲使其多闻、多见、少言"。

倾听是理解与宽容，是修养更是实质。

倾听是美德，更是生活的艺术。

倾听是一种姿态，是与人为善、心平气和、虚怀若谷。

倾听是一种无私的行为，是一种关心人的艺术。

倾听自我内心的声音。

## 2. 倾听的技巧

研究结果表明，82%的诊断信息可通过询问病史获得。医疗工作中的倾听就是指全神贯注地接收和感受患者在交谈时发出的全部信息（包括语言和非语言），并做出全面了解。患者的倾诉是维持心理平衡、减轻心理压力及病痛的一种手段。每一位患者都希望得到护士及时、满意的答复，因此护理人员要专心、耐心、认真、有分析地倾听，确保全面准确而详尽地了解患者的病情和感受（表5-6）。

表 5-6  倾听的技巧

| 倾听技巧 | 具体内容 |
|---|---|
| 全神贯注 | 认真仔细地聆听对方所说的话是尊重对方的基本前提和重要之举，只有用心倾听，才能获得对方的信任和敬重 |
| 抓住要点 | 尽快发现对方的谈话意图，才能从容自如地跟随对方，将话题引向深入 |
| 提问引导 | 适时的插话和提问，不仅表示在认真倾听，而且能促使话题向共同关心的方面发展 |
| 慎重结论 | 兼听则明，偏听则暗，倾听时要保持冷静和理智的态度，要冷静地听，理智地分析，下结论时要更慎重，以免被动 |
| 注重体语 | 适时地与对方保持目光接触，身体稍稍倾向于说话者，适当地点头以示同意，面带微笑，同时注意对方的面部表情、眼神和手势等非语言暗示。它有助于深刻理解说话内容，还能领会言外之意 |
| 复述要点 | 最好把对方含蓄的意图恰当地表达出来，以示在认真地听，而且完全听懂了 |

## 三、书面语言

**读一读**

明朝有个爱吃枇杷的知县，有人巴结奉承他，买了一筐上等的枇杷送去，并且先叫人把帖子呈上。帖子上写道："敬奉琵琶一筐，望祈笑纳。"知县看了很是纳闷：为什么要送我一筐琵琶？琵琶又为什么要用筐装？当知县看到筐里装的东西时，才恍然大悟，原来是一筐新鲜的枇杷。知县提笔在那张写着"琵琶"的帖子上写了首诗：枇杷不是此琵琶，只恨当年识字差。若使琵琶能结果，满城箫管尽开花。

　　书面语言是指人们凭借文字写出来的语言，进行信息、思想和情感分享的过程，是有声语言沟通从"可听性"向"可视性"的转换。

## （一）书面语言的主要形式

　　书面语言有传播的超时空性，表达的间接性，较强的逻辑性，沟通对象的不确定性，保存的永久性等特点。它有便签、书信、文章、文件等多种形式（表5-7）。

表 5-7　书面语言沟通的形式

| 形式 | 具体内容 |
| --- | --- |
| 便签 | <ul><li>常见有请假条、留言条等</li><li>书写要求简洁明了，注明时间并署名</li></ul> |
| 函 | <ul><li>按内容分：公函和便函</li><li>按函行文方向分：来函和复函</li><li>函的措辞要得体，忌命令式语言</li></ul> |
| 文件 | <ul><li>文件有法定的权威性，有现行时效性</li><li>文件有规范的体式和特定的处理程序</li></ul> |
| 书信 | <ul><li>常见有私人书信和公开信</li><li>书信往往更能表达交往双方真实的思想情感</li></ul> |

续表

| 形式 | 具体内容 |
|------|----------|
| 文章 | ● 常见有论文、说明文、消息、调查报告等<br>● 文章是传播思想观点的书面沟通形式 |
| 著作 | ● 是个体对群体的扇状沟通关系<br>● 它储存着人类交往史中全部光辉成就<br>● 它运载着人类对自然、自身的冥想，对现实和未来的探索 |

## （二）书面语言沟通的基本准则

在运用书面语言进行沟通时，我们要注意"6C"准则（表5-8）。

表 5-8 书面语言的"6C"准则

| "6C"准则 | 含义 |
|-----------|------|
| 清晰<br>Clearness | ● 信息结构完整、顺序有效<br>● 能够被信息受众所理解 |
| 简明<br>Conciseness | ● 尽可能占用较少的信息载体容量<br>● 尽可能降低信息保存、传输和管理的成本<br>● 尽可能提高处理和阅读信息的效率 |
| 准确<br>Correctness | ● 是衡量信息质量最重要的指标<br>● 不同的信息往往会导致不同的结论和沟通结果<br>● 首先信息发出者头脑中的信息要准确，其次是信息的表达方式要准确 |
| 完整<br>Complete | ● 对信息质量和沟通结果有重要影响<br>● 不完整的信息很容易给人造成误解 |

续表

| "6C"准则 | 含义 |
|---|---|
| 体谅<br>Consideration | ● 沟通要考虑信息接收方的态度和接受程度<br>● 沟通要使对方的态度有所改变 |
| 礼貌<br>Courtesy | ● 礼貌是一个人修养的体现<br>● 礼貌有利于沟通目标的实现 |

## 四、治疗性沟通

治疗性沟通是以患者为中心，护患之间、护士之间、护士与医生及其他医务人员之间，围绕患者的治疗问题并能对治疗起积极作用，所进行的信息传递和理解过程。

### 1. 治疗性沟通的各阶段

治疗性沟通是一般性沟通在护理实践中的应用，是有目的的护患沟通。它的内容是护理范畴与健康有关的专业性知识内容，分为4个阶段（表5-9）。

表 5-9　治疗性沟通的阶段

| 阶段 | 实际应用注意事项 |
|---|---|
| 沟通准备阶段 | ● 了解患者的基本情况<br>● 明确交流的目的和内容<br>● 制定交流的提纲<br>● 提供适于交流的环境等 |
| 沟通开始阶段 | ● 尊重患者，有礼貌地称呼患者<br>● 主动介绍自己，并说明交谈的目的及所需时间<br>● 协助患者取舒适的体位 |
| 沟通进行阶段 | ● 以患者为中心，鼓励患者交谈<br>● 运用一般性沟通技巧、指导性交流技巧、非指导性交流技巧及提问题技巧等 |
| 沟通结束阶段 | ● 要根据实际情况和预期计划控制结束时间<br>● 简单总结交流内容，核实记录的准确性，结束时不提新问题<br>● 预约好下次交流的时间和内容，对患者表示感谢 |

### 2. 治疗性沟通的障碍

护患之间的治疗性沟通，必须双方均有足够的诚意和投入，才能顺利进行，只要有一方发生不利于沟通的情况，沟通就会发生障碍（表5-10）。

表 5-10　治疗性沟通的障碍

| 类型 | 原因 |
|------|------|
| 护士方面 | ● 护士的急躁、改换话题或打断患者谈话、主观武断<br>● 同情心不够、准备不足或不善沟通 |
| 患者方面 | ● 对自己的疾病、健康状况、治疗措施不了解<br>● 记不住医嘱<br>● 与医护人员缺乏共同的认识，使双方发生沟通障碍 |

### 3. 特殊情况下的沟通技巧

在护患沟通过程中，可能会发生各种因患者情绪不良而引发的沟通障碍，如患者发怒、哭泣等，护理人员必须恰当处理，及时化解患者的负性情绪（表5-11）。

表 5-11　特殊情况下的沟通技巧

| 特殊情况 | 沟通技巧 |
|----------|----------|
| 患者发怒时 | ● 确认患者是否发怒<br>● 表示对他（她）的理解<br>● 帮助患者分析发怒的原因<br>● 规劝他（她）做些其他活动<br>● 有效地对待患者的意见<br>● 重视满足患者的需要 |
| 患者哭泣时 | ● 陪他（她）待一会儿（除非患者愿意独自待着）<br>● 轻轻地安抚他（她）<br>● 在哭泣停止后，用倾听的技巧鼓励患者说出流泪的原因 |

良好的治疗性沟通有助于护士帮助患者进行身心调适，使患者从疾病状态向健康方向发展，患者能应对应激、调整适应，并与他人和睦相处。所以良好的治疗性沟通在护士日常工作中显得特别重要，同学们要好好掌握这门技巧！

**议一议**

1. 我们在生活中常见的书面语言沟通有哪些？我们在使用书面语言进行沟通时要注意哪些方面？

2. 下列案例中引起沟通障碍的原因有哪些？请分别找出。

杨护士在为患者挂点滴时第一次静脉穿刺未成功，她立即面无表情地更换对侧手臂寻找静脉。患者生气地说："你会不会打啊！我不是试验品，叫你们护士长过来！"小杨一听心里就来火了，嘴里小声嘟嚷道："就你这血管，谁能保证一针见血呀！"患者听见后大叫："你把话说清楚，你技术不行，竟然还怪我的血管，我要去告你！"小杨听后脸一板扭头就离开了病房，患者愣在那里半天没有说话。

**想一想**

根据下列情境的要求进行改编和沟通训练，并在课堂上进行比试，看看哪一组的沟通最有效。

情境一：患者还是那个患者，如果你是杨护士，你也是第一次静脉穿刺没有成功，你将如何与患者沟通才能获得沟通成功？

情境二：在杨护士沟通失败，患者很生气的情况下，你作为杨护士的同事，要再次去给患者静脉穿刺，你又将如何进行沟通才能让患者满意？

**链接一下**

### 护患关系的分期与模式

1. 护患关系的分期　护患关系根据发展过程可分为三期。

（1）初始期：主要任务是与患者之间建立信任关系。护患之间的信任是建立良好护患关系的决定性因素之一，是以后进行护理活动的基础。

（2）工作期：主要任务是采取具体措施为患者解决健康问题。

（3）结束期：护患密切协作，达到预期目标，患者出院或转院，护患关系进入结束阶段。

2. 护患关系的基本模式 护士应根据患者的具体情况及患病的不同阶段，选择最合适的护患关系模式，以达到满足患者需求、确保护理服务质量等目标。

（1）主动—被动型：特点是"护士为患者做治疗"——"保护者"。主要适用于不能表达主观意愿、不能与护士进行沟通交流的患者，如神志不清、新生儿、休克、痴呆以及某些精神障碍患者。

（2）指导—合作型：特点是"护士告诉患者应该做什么和怎么做"——"指导者"。主要适用于急性期患者和外科手术后恢复期的患者。

（3）共同参与型：特点是"护士积极协助患者进行自我护理"——"同盟者"。主要适用于具有一定文化知识的慢性疾病患者。

# 任务三　学习非语言沟通

## 我们的目标是……

◎ 掌握非语言沟通常见的形式

◎ 了解非语言沟通在护理工作中的重要作用

◎ 学会运用非语言沟通形式与病患沟通

## 我们的任务是……

◎ 学习非语言沟通的技巧

◎ 结合案例进行护患非语言沟通模拟训练

现场直击
布置任务

　　张某到手术室准备手术，手术室护士在接收张某入手术室时，对其进行安慰："放轻松，别紧张。"张某手脚在不停地抖动，嘴里不停地说着："我不紧张，我不紧张。"你觉得张某紧张吗？你是相信他的语言信息还是非语言信息？

一、非语言沟通的类型有哪些？

二、如何正确应用非语言沟通？

## 任务实施中……

### 一、非语言沟通的概念

　　相对于语言沟通而言，非语言沟通是指通过身体动作、体态、语气语调、空间距离等方式交流信息、进行沟通的过程。在沟通中，信息的内容往往通过语言来表达，而非语言则作为提供解释内容的框架，来表达信息的相关部分。因此非语言沟通常被错误地认为是辅助性或支持性角色，而实际生活中非语言沟通绝对是信息表达的重要方式。因此，非语言沟通也是护理工作中非常重要的沟通形式，是护患之间情感和信息沟通的桥梁，有时非语言沟通比语言沟通更具魅力、更真实可信。

非语言沟通包括形体语言、衣着服饰、身体接触、空间距离、辅助语言和环境氛围等（表5-12）。在人际沟通中，这些非语言信息均有其特殊的价值，其中面部表情、眼神等形体语言是最重要的非语言信息。

表 5-12    非语言沟通的类型

| 类型 | | 特点和作用 |
|------|------|------------|
| 形体语言 | 面部表情 | ● 面部表情是指通过眼部肌肉、颜面肌肉和口部肌肉的变化来表现各种情绪状态<br>● 面部表情一般分为八类：感兴趣—兴奋，高兴—喜欢，惊奇—惊讶，伤心—痛苦，害怕—恐惧，害羞—羞辱，轻蔑—厌恶，生气—愤怒<br>● 微笑：轻微的笑，略带笑容，是不显著，不出声的一种笑。双唇轻启，牙齿半露、眉梢上推、脸部肌肉平缓向上向后舒展<br>● 微笑的作用：护士的微笑能消除沟通双方的隔阂，调节情绪、有益身心健康<br>● 患者的面部表情与疼痛程度评估：见下图<br><br><br>0 没有疼痛　2 有点痛　4 轻微疼痛　6 明显疼痛　8 严重疼痛　10 剧烈疼痛 |
| | 目光（眼神） | 目光的角度及其表达的情感：<br>● 正视（平视）对方：表示尊重、平等与自信等<br>● 多次正视对方：表示重视<br>● 仰视对方：表示崇拜、敬仰和向往之情<br>● 俯视对方：表示关爱之情<br>● 斜视对方：表示藐视 |

| 类型 | | 特点和作用 |
|---|---|---|
| 形体语言 | 手势和姿势 | 手势：<br>● 手势是指人类用手掌和手指位置、形状构成的特定语言系统，包括聋哑人的手语和特定系统的手势（如交警的指挥手势、球场上裁判的手势等）<br>● 手势的含义与不同国家或地区的文化背景有关<br>● 很多手势可反映人的修养与性格<br>姿势：<br>● 姿势是指身姿架势和呈现的样子<br>● 护士得体的姿势可较快取得患者的信任<br>● 患者的姿势可以直观地反映出某些症状 |
| 衣着服饰 | | 衣着服饰的TOP原则：<br>● 时间原则（Time）：一天中或一年四季的时间变化及时代的差异<br>● 场合原则（Occasion）：不同的场所与场合有不同的着装风格<br>● 地点原则（Place）：地区、地域不同，着装风格迥异 |
| 身体接触（专业性皮肤接触、触摸） | | ● 触摸，是护士无声的关爱<br>● 适用于安慰伤心的人、听力障碍的老年人、婴儿、不便于说话的危重患者等<br>● 护士需根据服务对象谨慎、适度使用触摸 |
| 沉默 | | ● 沉默是向交流对方表达理解、同情、支持的方法，还可以为交流双方创造整体思路和适应的过程<br>● 可以给对方提供思考和调适的机会<br>● 医护人员常将其与专业性皮肤接触配合使用，起到"此时无声胜有声"的效果 |
| 人际距离 | | 公众距离——>360cm<br>社交距离——121~360cm<br>熟人距离——46~120cm<br>亲密距离——0~45cm<br><br>● 公众距离：>360cm，多用于演讲者与听众，或彼此陌生的交谈及非正式的场合<br>● 社交距离：121~360cm，多用于工作和正式社交场合<br>● 个人距离：46~120cm，多用于非正式的个人交谈，如护士与一般患者沟通时<br>● 亲密距离：0~45cm，一般是亲人、很熟的朋友、情侣或夫妻之间的距离，护士护理患者时多为亲密距离 |

续表

| 类型 | 特点和作用 |
|------|-----------|
| 辅助语言 | <br>沟通中的信息表达比例<br>语言内容 7%<br>辅助语言（听觉）38%<br>肢体语言（视觉）55% | ● 辅助语言是沟通时的语调和语速，如声音的抑扬顿挫<br>● 语言、辅助语言和肢体语言在信息表达中分别占7%、38%和55%<br>● 同样的文字，在不同的声音和行为下，表现出的效果截然不同，所以有效的沟通是三者的融合 |
| 环境氛围 | ● 隐秘、舒适、安全、安静 |

**议一议**

（1）你对"有时无声胜有声"这句话是怎么理解的？

（2）你觉得学会良好的非语言沟通对我们的护理工作有什么帮助？

**找一找**

下列案例中引起沟通障碍的原因有哪些？请分别找出。

李护士在儿科病房为一个小男孩挂点滴时，小男孩因为害怕，不停地动，李护士脸色较难看，用力地把小男孩转过来，穿刺成功了，可患者的家属还是很生气地说："你了不起啊！打个针这个样子，叫你们护士长过来！"

**想一想**

请同学们根据下列情境要求进行改编和非语言沟通训练，护士进行应对处理，并在课堂上进行比试，看看哪一组的沟通最有效。

情境一：患者呈现的无声语言——手抚腹部，整个人蜷缩着。

情境二：患者呈现的无声语言——患者面色潮红，手抚头部。

## 三、正确应用非语言沟通

表 5-13　医院实训——正确运用语言沟通与非语言沟通

| 实训分类 | 语言沟通应用 | 非语言沟通应用 |
| --- | --- | --- |
| 接待入院 | 亲切称呼，您好！您是来我科住院治疗的吧！好，请您到房间休息，这是为您安排的床位，让我给您量血压好吗？请喝水，请问您需要在这订餐吗？您先休息，医生很快会来给您检查的。住院期间有什么需求请及时告诉我们，谢谢您的配合 | 微笑、起立迎接患者作自我介绍，主动帮患者拿行李，扶患者入病房休息，轻握患者的手，给予关切问候和心理支持，倒杯温水给病者，介绍住院规则和环境 |
| 见到年老、行动不便的人 | 亲切称呼，您好！让我来帮助您好吗？ | 面带微笑，主动走到患者身边，挽扶或给予轮椅，协助进出电梯，必要时请导诊小姐帮助患者 |
| 患者咨询检查结果 | 亲切称呼，您好！请问您叫什么名字？好的，请稍等，我马上给您查看病历资料，您的检查结果都齐全了，肝肾功能、血脂结果正常，B超、CT结果……医生查房时会把您检查的详细情况告诉您，我把全部检查结果复印一份交给您，请放心 | 站起，微笑，放下手上的工作，认真查看病历，查找化验单或检查报告单，耐心给患者解答 |
| 清早留取各种标本或治疗护理时 | 诊疗中心护士语言、动作规范<br>　轻声问候，早上好！昨晚休息好吗？对不起，打扰您了，现在给您留个××标本 | 注意"四轻"，先打招呼后操作，微笑，点头。表示歉意的表情 |
| 患者发热 | 亲切称呼，您有点发烧，觉得哪儿不舒服吗？我马上报告医生，请多喝些温开水，保持室内空气清新，出汗及时抹干，避免受凉 | 用手轻按患者额部，倒好水，准备干毛巾放床旁，多给予温馨巡视 |
| 抢救患者时与家属交谈 | 亲切称呼，他（她）的病情较重，我们会尽力抢救的 | 表情凝重、但很镇定 |
| 对等候时间长的患者 | 亲切称呼，您好！诚恳向患者道歉："对不起，请原谅，让您久等了，我尽快为您解决，好吗？觉得口渴吗？还有什么需要帮忙吗？""谢谢您的配合！" | 面带微笑，快步来到患者身边，一边向患者道歉，同时倒杯水给患者喝，马上与相关部门联系，及时解决 |

# 任务四  沟通实践

## 我们的目标是……

◎ 了解生活中的沟通实务

◎ 熟悉发生冲突的原因及化解冲突的基本方法

◎ 掌握应聘面试技巧

## 我们的任务是……

◎ 学会日常生活中的常见沟通技巧，特别是面试技巧

◎ 学会正确处理常见的护患冲突

**现场直击
布置任务**

卫校护理专业的两位毕业生，在看到市某医院网上发布招聘护士的启事后前去应聘。面试过程中，主考官设置了几个常见的护患冲突，请两位护生现场解决。这两位护生在各方面的表现都非常好，特别是在处理护患冲突中的能力让考官很满意，表示有意向录取她们。

一、日常中的沟通实务都需要用到哪些沟通技巧？

二、当护生面对护患冲突时应如何化解？

## 任务实施中……

## 一、生活中的沟通实务

狮子和老虎之间爆发了一场激烈的冲突，到最后，两败俱伤。狮子快要断气时，对老虎说："如果不是你非要抢我的地盘，我们也不会弄成现在这样。"老虎吃惊地说："我从未想过要抢你的地盘，我一直以为是你要侵略我。"狮子和老虎没有沟通，而是一厢情愿地按自己的意愿行事，后果是牺牲了自己的生命，付出了十分惨重的代价。人与人之间更要学会沟通，学会理解。

日常生活的访晤接待、求职应聘、解决实际冲突等都离不开沟通。沟通铸就我们的成功，沟通给我们带来快乐！

### 1. 登门访晤技巧

访晤是人际沟通的一个部分，是一种常见的社交活动，包括拜访和接访两种类型。具体见表5-14。

表 5-14　登门访晤技巧

| 类型 | | 注意事项 |
|---|---|---|
| 拜访技巧 | | ● 事前有约，择时拜访；<br>● 着装得体，准时赴约；<br>● 带上小礼，勿忘敲门；<br>● 注重礼节，告辞出门 |
| 接待技巧 | | ● 以礼相待，了解意图；<br>● 言辞适度，态度和蔼；<br>● 节约时间，注重效率；<br>● 不同性格，灵活对待 |

## 2. 电话沟通技巧

电话交谈是现代人际交往中非常常见且重要的一种方式，在工作中，高质量的通话可以提高工作效率。打电话和接电话都是有技巧的，具体见表5-15。

表 5-15　电话沟通技巧

| 类型 | | 注意事项 |
| --- | --- | --- |
| 打电话技巧 | | ● 打前整理要点，选择恰当时间；<br>● 正确拨打电话，主动自我介绍；<br>● 准确陈述内容，耐心解答疑问；<br>● 礼貌告别对方，轻轻放下听筒 |
| 接电话技巧 | | ● 铃响不过三下，主动自报家门；<br>● 辨明对方身份，听记对方陈述；<br>● 及时提出疑问，复述来话内容；<br>● 礼貌告别对方，轻轻放下听筒 |

## 3. 网络沟通技巧

网络沟通是通过基于信息技术的计算机网络来实现信息沟通的活动。现代社会网络与我们生活联系越来越紧密，通过网络形成的沟通也越来越重要。常见的网络沟通有发电子邮件和网上聊天等，具体见表5-16。

表 5-16　网络沟通技巧

| 类型 | 注意事项 |
| --- | --- |
| 发电子邮件技巧 | ● 邮件内容准确简短、文明友好，书写正确<br>● 收到邮件尽快回复，不随意转发电子邮件，不要发送特别私人的邮件 |
| 网上聊天技巧 | ● 注意网络安全，注重自我保护；<br>● 尊重他人人格，保护他人隐私；<br>● 网络用语文明，遵守法律道德 |

## 4. 应聘面试技巧

面试技巧是我们求职的重要法宝，同学们要好好学习和练习，具体见表5-17。

表 5-17　面试技巧

| 类型 | 注意事项 |
|---|---|
| 面试技巧 | ● 充分准备，树立自信；<br>● 服装得体，讲究礼仪；<br>● 遵守时间，宁早勿晚；<br>● 表情自然，动作大方；<br>● 注重细节，树立形象；<br>● 表现自我，直面成败 |

**读一读**

沟通是人际活动的基本手段，沟通是人际情感的坚固基石。沟通是桥梁、是钥匙、是增色剂，它构建起人与人之间的友谊、开启人与人之间的心灵、添加人与人之间的色彩。沟通无处不在、沟通无时不有。

## 二、化解护患冲突

### 1. 护患冲突的常见原因

护患冲突是在护患交往过程中产生的影响护患关系正常发展的一种客观状态。引起冲突的原因有很多，但主要集中在护士和患者两个方面，具体见表5-18。

表 5-18　护患冲突的原因

| 类型 | 原因 | 类型 | 原因 |
|---|---|---|---|
| 护士方面 | ● 技术不精，素质不高；<br>● 用语不当，沟通不足；<br>● 态度生硬，责任不强；<br>● 制度不全，人员不足 | 患者方面 | ● 文化不同，性格各异；<br>● 期望过高，现实不满；<br>● 心情不良，费用矛盾；<br>● 认知有异，重医轻护 |

### 2. 护患冲突的处理

随着社会法制建设的逐步健全和法律知识的普及，患者维护个人权益的观念越来越强，护患冲突呈上升趋势。及时正确化解护患冲突，提高患者满意度，是我们护士必须掌握的技能，具体见表5-19。

表 5-19　护患冲突的处理

| 类型 | 注意事项 | 类型 | 注意事项 |
|---|---|---|---|
| 一般护患冲突处理 | ● 提升职业素质，精化护理技术；<br>● 加强人文关怀，善用沟通技巧；<br>● 保持良好情绪，维护患者权利 | 特殊护患冲突处理 | ● 愤怒患者——冷静对待；<br>● 抱怨患者——理解对待；<br>● 悲伤患者——鼓励对待；<br>● 抑郁患者——关注对待 |

**议一议**

在临床护理中我们经常会碰到以下情况，面对这些情况我们应如何正确处理？

1. 护理操作失败时：如你在给孩子静脉穿刺时，第一针没成功……

2. 护理工作遗漏时：如患者来问今天的药还没发到时……

3. 护理工作差错时：如你在巡视时，发现药液的颜色与实际不符……

4. 护士语言过失时：如你看到糖尿病患者在偷偷地吃含糖量很高的零食，忍不住大声训斥道："你还要不要命了，这么大的人了怎么这么不懂事！"患者被责备后一声不吭，脸色难看……

**聚焦二十大**

习近平总书记在党的二十大报告中指出：我们深入贯彻以人民为中心的发展思想，在幼有所育、学有所教、劳有所得、病有所医、老有所养、住有所居、弱有所扶上持续用力，人民生活全方位改善。护理工作者在服务大众时，如何贯彻以人民为中心的发展思想？

## 护考"120"

一、填空题

1. 提问的方式有_____和_____两种。接诊患者时询问："您除了发烧，还有哪些症状？"属于_____提问。

2．沟通的影响因素主要分为个体因素和_____因素。患者因为极度疼痛而无法耐心回答医生的问题，这时影响沟通的是个体因素中的_____因素。

3．护士与病人交谈时的距离为46～120cm，此距离属于_____距离。

二、单项选择题

4．病人，女性，80岁肿瘤晚期。病人全身极度衰竭，意识模糊。为安慰病人，护士与其交流时应使用的距离是（　　）

　　A．亲密距离　　B．社交距离　　C．熟人距离　　D．工作距离　　E．演讲距离

5．患儿，5岁。不明原因出血、发热入院。查体发现肝、脾淋巴结肿大。护士为患儿进行口腔护理时，应采用的最容易让患儿接受的语言技巧是（　　）

　　A．承诺式语言　　　　　　B．夸赞式语言　　　　　　C．杂谈式语言

　　D．关心式语言　　　　　　E．介绍性语言

6．护患关系发展到工作期的主要任务是（　　）

　　A．与病人建立互相信任的关系　　　　B．为病人日后的健康保健制定计划

　　C．采取措施解决病人健康问题　　　　D．对整个护患关系进行评价

　　E．了解病人对其健康状况和护患关系的满意程度

7．适用于高血压稳定期病人的护患关系类型是（　　）

　　A．主动—被动型　　　B．指导—合作型　　　C．指导—被动型

　　D．共同参与型　　　　E．主动参与型

8．适用于危重病人的护患关系的类型是（　　）

　　A．主动—被动型　　　B．指导—合作型　　　C．指导—被动型

　　D．共同参与型　　　　E．主动参与型

9．病人，女性，43岁，因乳腺癌行乳腺切除术，术后恢复良好，准予出院，护士向病人行出院指导时，应采用的沟通距离是（　　）

　　A．0～40cm　　　　　　B．50～120cm　　　　　　C．120～350cm

　　D．350～500cm　　　　E．500cm以上

10．关于有效沟通的方法，不正确的是（　　）

　　A．沟通应有明确的目的

　　B．用30%～60%的时间注视对方的面部　　C．关注对方的语言和非语言行为

　　D．减少聆听时间，保持快速的判断　　E．交谈中不打断、批评他人

11．可以促进有效沟通的行为是（　　）

　　A．按病人叙述内容转移开展的话题　　B．全神贯注，保持目光的接触

　　C．避免长时间的倾听，及时插话　　　D．及时评论病人所谈内容

　　E．病人担心疾病预后时可做出保证

12．病人与护士交流时，对住院的高额收费不满，情绪激动。缓解病人情绪可采用的交谈技巧是（　　）

  A．争论  B．安慰  C．提问  D．教育  E．沉默

13．治疗性沟通的目的不包括（　　）

  A．减轻病人身体上的痛苦    B．创造良好的治疗环境

  C．提供心理社会支持     D．利于病人共同参与治疗护理中

  E．为病人提供个性化整体护理

三、多项选择题

14．治疗性沟通包含以下哪些阶段（　　）

  A．沟通准备阶段     B．沟通开始阶段

  C．沟通进行阶段     D．沟通结束阶段

15．护士增进个人人际关系吸引力的要素，包括（　　）

  A．提供治疗性的环境    B．无条件地关心病人，给予温暖

  C．适度的同感（同理心）   D．绝对保密

  E．敏锐地询问

16．护士与哭泣的病人交流时，正确的做法可以是（　　）

  A．安慰并阻止病人哭泣    B．待病人平静下来可主动聆听

  C．鼓励其将哭泣的原因说出来  D．不能训斥、评论病人

  E．陪伴病人

17．以下哪些属于非语言沟通（　　）

  A．点头示意  B．面带微笑  C．保持病房整洁

  D．宣教资料  E．轻拍肩膀安慰

18．护士操作前的解释用语包括（　　）

  A．操作目的

  B．操作意义和重要性

  C．简要介绍操作过程和所需物品

  D．给予病人心理上的安慰，缓解其恐惧心理

  E．感谢病人的合作

19．护患沟通中错误的倾听做法是（　　）

  A．病人叙述时，护士要思考问题  B．避免直视病人的眼睛

  C．用心倾听，表示对所谈话题有兴趣  D．避免看清对方表情

20．护士面部表情的要求包括（　　）

  A．在倾听病人主诉时，表情专注和友好  B．抢救病人时，表情凝重

  C．在任何情况下都不能表现出不满或气愤  D．面对疼痛的病人应微笑

E．对疾病缠身的病人表现出关注和抚慰

21．病人，男性，85岁，因肺炎入院治疗。病人听力严重下降，护士在与他沟通中做法正确的是（　　）

　　A．可以通过触摸加强沟通的效果　　B．让病人看见护士的面部表情和口型

　　C．进行适当的小结　　　　　　　　D．用手势和面部表情辅助信息的传递

　　E．让病人用点头或摇头来回答问题

22．患儿，3岁，因先天性心脏病入院，3天后并发心衰，转入重症监护病房。患儿家长担心患儿情况，病房护士错误的处理是（　　）

　　A．工作太忙可问其他护士　　　　　　B．问值班医生比较好

　　C．告知家长不必担心　　　　　　　　D．客观介绍病人情况

　　E．反馈患儿病情需保密

23．葛先生，34岁，外伤后，意识清晰。女护士欲询问其外伤史，以下不利于有效沟通的是（　　）

　　A．患者意识模糊时抓紧时间沟通　　　B．患者情绪激动时及时沟通

　　C．沟通距离尽可能靠近　　　　　　　D．用通俗易懂的语言进行沟通

　　E．与患者讲话要尽量热情、坦诚

四、判断题

24．病人，男性，20岁，因肠扭转急诊入院，立即行手术治疗。术后该病人宜用的护患关系模式是指导—合作型。（　　）

25．病人，女性，43岁，Ⅱ期高血压。病人有头晕、失眠、心悸等症状。护士通过收集资料了解到该病人知识缺乏，并为其制定护理计划，进而实施护理措施。此时护士与病人处于护患关系发展时期的初始期。（　　）

26．病人，女性，49岁，因胆囊炎、胆结石住院治疗，术后第2天，得知自己的儿子因患急性阑尾炎住院术后需要照顾时，病人内心纠结不已："我要不要出院去照顾儿子呀？"病人的这种情况属于病人角色行为消退。（　　）

27．病人，女性，45岁，2型糖尿病，拟进行胰岛素治疗。护士询问病人："您知道使用胰岛素要注意哪些问题么？"这一问题属开放式问题。（　　）

28．卢女士，45岁，入院诊断肝癌。患者尚不了解病情，且感情脆弱。工作中，护士应特别注意语言的安慰性。（　　）

# 项目六
## 认识护理程序

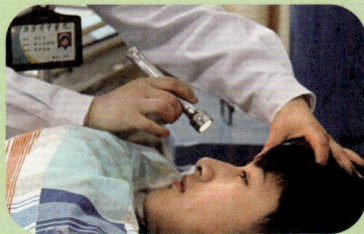

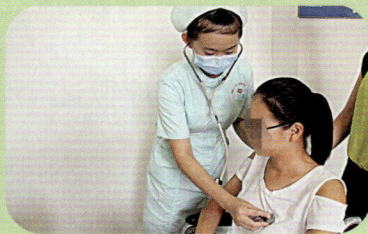

# 任务一　初识护理程序

## 我们的目标是……

- ◎ 掌握日常工作中护理程序的步骤及其应用
- ◎ 了解护理程序的发展史

## 我们的任务是……

- ◎ 运用护理程序开展入院、出院、协助治疗等病区的各项护理工作

**现场直击布置任务**

　　护士小张，刚工作2个月，上月轮转至普外科。今天，她是责任一组李老师的助手，职责是协助李老师完成组内患者的整体护理。一上班，就有患者来住院了，小张要系统学习如何应用护理程序完成入院、手术、出院等护理流程……

一、什么是护理程序？它是如何发展起来的？

二、护理程序有哪些步骤？护士如何正确运用这些步骤完成各项护理工作？

## 任务实施中……

### 一、护理程序概述

　　护理程序是指导护理人员以满足护理对象身心需要、促进和恢复健康为目标，科学地确认护理对象的健康问题，有计划地为护理对象提供系统、全面、整体护理的工作方法和思维方式。它是综合的、动态的、具有决策和反馈功能的过程。系统理论是护理程

序的理论框架，基本需要层次理论、沟通理论、解决问题论、应激与适应理论等均为护理程序的理论基础。

护理程序的主要发展过程是：1955年，美国护理学者莉迪亚·海尔首先描述了护理是一系列的工作程序，认为护理工作是"按程序进行的护理工作"；1961年奥兰多在《护士与患者的关系》一书中，首次用"护理程序"一词表达护理工作；1973年，美国全国护理诊断分类组第一次会议及若埃等学者将护理程序确定为5个步骤，即评估、诊断、计划、实施与评价；1977年美国护理学会正式发表声明，把护理程序列为护理实践的标准，使护理程序合法化。

护理程序在我国的发展：1994年，在美国乔治梅森大学护理专家吴袁剑云博士的倡导下，我国开始试点建设以护理程序为核心的系统化整体护理工作；2001年，她又在我国推广以护理程序为基本框架的临床路径，促进了护理程序在我国护理工作中的进一步运用。

## 二、护理程序的步骤

护理程序包括5个步骤：护理评估、护理诊断、护理计划、护理实施和护理评价。

### （一）护理评估

护理评估指有目的、有计划、系统地、连续地收集、整理、分析、记录护理对象健康资料的过程。它始终贯穿于护理程序的每一阶段。

### 临床案例

患者，王某，男性，40岁，扶行入院。昨日晚餐进食油煎荷包蛋后，于18时10分出现右上腹疼痛，向右侧肩背部放射，并伴有恶心、呕吐。一年前曾有类似发作史。护理体检：痛苦面容，精神萎靡，情绪紧张，面色苍白，皮肤巩膜无黄染，双手按右上腹，由其妻陪同入院。入院体检：T：37.3℃,P：88次/分，R：19次/分，BP：126/78mmHg。如果你是该病区的责任护士，迎接该患者入住病房后需要开展哪些工作？

#### 1. 收集资料

护士收集患者的健康相关资料时，内容必须完整，方法必须正确，并通过多方面收集资料，才能达到预期目标。

（1）收集资料的内容：为了正确评估患者的健康状况，护士需全面收集患者的一般资料、既往健康状况、生活自理程度、心理社会状况等相关资料（表6-1）。入院护理评估单请参阅本系列教材之《护理评估》。

表 6-1　收集资料的内容

| 资料名称 | 具体内容 |
|---|---|
| 一般资料 | 姓名、年龄、性别、婚姻、职业、民族、籍贯、文化程度、住址、入院方式等 |
| 既往健康状况 | 既往病史、过敏史、家族史、用药史、手术史和外伤史等 |
| 生活状况和自理程度 | 自理能力、饮食、嗜好、睡眠、卫生习惯等 |
| 心理—社会状况 | 心理状态、就业状态、近期事件、性格特征、社会交往、家庭关系、经济情况等 |
| 护理体检 | 生命体征、意识、皮肤、身高、体重、营养等 |

（2）收集资料的方法：护士可以通过观察、交谈、查阅资料、护理体检等方法获取患者的健康资料（表6-2）。

表 6-2　收集资料的方法

| 方法 | 内容要点 |
|---|---|
| 观察 | 运用感官或借助简单的诊疗器具进行系统的护理体检而获取资料的方法<br>常用观察方法：<br>● 视觉观察：可评估患者的面色、步态、精神与意识状况、呼吸、引流液与排泄物等情况<br>● 触觉观察：可评估患者的脉搏节律与速率、皮肤温湿度、肿块的位置和性质等情况<br>● 听觉观察：可评估患者的语调、呼吸与咳嗽等声音；还可借助听诊器评估心音与血压、呼吸音及肠鸣音等情况<br>● 嗅觉观察：可评估患者的体表、呼吸道、胃肠道或呕吐物、排泄物等的异常气味等情况 |

观察瞳孔

观察口腔

续表

| 方法 | 内容要点 |
|------|----------|
| 交谈 | <br>护理人员和患者在交流<br><br>交谈的目的：<br>● 收集患者的健康资料，向患者收集或反馈有关自身疾病、治疗和护理的相关信息<br>● 提供心理支持，取得患者信任，有利于建立良好护患关系 |
| 查阅资料 | <br>查阅患者的医疗病历、护理病历<br><br>查阅报告单<br><br>查阅资料的种类：<br>● 护理对象的医疗与护理记录<br>● 各种检查结果<br>● 医疗护理文献<br>查阅资料的作用：<br>● 发现既往史<br>● 作为交谈内容的补充<br>● 发现客观资料 |
| 护理体检 | <br>视<br><br>视诊：<br>● 检查前向患者作好解释，取得患者信任<br>● 自然光线下进行<br>● 被检部位应充分暴露<br><br><br>触<br><br>触诊：<br>● 进一步确定视诊所不能肯定的体征<br>● 用指腹和掌指关节部的掌面进行<br>● 必要时双手触诊，并配合体位进行 |

续表

| 方法 | 内容要点 |
|---|---|
| 护理体检 | 叩诊：<br>● 多用于胸腹部检查<br>● 直接叩诊：用右手中间三指的掌面，直接拍击被检部位<br>● 间接叩诊：检查者将左手中指第二指节紧贴于叩诊部位，其他手指稍微抬起；右手中指指端垂直叩击左手中指第二节指骨的远端 |
|  | 听诊：<br>● 环境需安静、温暖、避风<br>● 借助听诊器进行间接听诊<br>● 在心肺疾病诊断中最有价值 |

（3）收集资料的目的：完整的健康资料可为发现护理问题、制订护理计划、评价护理效果等提供依据，还能为护理科研提供资料。

（4）资料的来源：护理对象（患者）是资料的主要来源，其他还可来自与护理对象相关的人员（如患者的家庭成员、朋友、邻居、保姆等），其他健康保健人员（如医生、理疗师、营养师及其他护理人员），护理对象的医疗文件（目前及既往的医疗病历、既往健康检查记录、儿童预防接种记录等）以及医疗护理文献等。

2. 整理、分析与记录资料

将收集到的资料，逐项填入护理评估单，目前临床多采用打钩式表格，记录时应注意评估资料的完整性，勿缺项、漏项。

（1）资料的分类：主观资料，即患者的主诉，是患者对其主观感觉的诉说，如"我头痛""我胸闷""我恶心""我头晕""我睡不着"……；客观资料，是指通过他人的观察、体格检查或借助医疗仪器和实验室检查获得的资料。主观资料与客观资料都是护理评估所需要的类型。

（2）资料的记录：收集的资料要及时记录，主观资料的记录尽量用患者的原话，并使用引号标注，客观资料的记录要避免主观判断和结论。

（二）护理诊断

护理诊断是护理程序的第二步，是关于个人、家庭或社区现存的或潜在的健康问题以及生命过程反应的一种临床判断；是护士为达到预期的结果选择护理措施的基础，这些预期结果应能通过护理行为达到。

尝试第一步：根据前述案例，确定该患者的护理诊断，见表6-3。

表 6-3 护理诊断的组成

| 诊断名称 | 诊断依据 | 相关因素 |
|---|---|---|
| 对护理对象健康问题的概括性描述（包括现存的、危险的和健康的3种护理诊断） | 做出该护理诊断时的临床判断标准，即相关的症状、体征和有关病史，也包括危险因素。护士在做出护理诊断时，要参照诊断依据 | 影响个体健康状况的直接因素、促发因素或危险因素，包括生理、病理、治疗、年龄等方面 |
| <br>疼痛 | ● 症状：右上腹痛；右肩背部放射痛<br>● 体征：双手按右上腹<br>● 病史：一年前有类似发作史 | 与进食高脂餐（油煎荷包蛋）发生胆绞痛、胆囊结石、胆囊炎有关 |
| <br>焦虑 | ● 症状：情绪紧张，担心手术影响工作<br>● 病史：一年前有类似发作史 | 与右上腹疼痛剧烈，疾病再次发作，担心因疾病影响工作有关 |
| <br>有体液失衡的危险 | ● 症状：恶心、呕吐 | 与胆绞痛反射性引起恶心、呕吐有关 |

🔍 **临床案例**

　　患者，张某，男性，56岁，8天前受凉后出现发热，体温在37.5~37.8℃，伴咳嗽，痰量多，无咯血及脓臭痰，伴乏力。经抗感染、止咳、化痰治疗有效。为进一步诊治收入院。该患者2年前诊断为"右上肺中分化鳞癌"，行右上肺叶切除术。1年前诊断为支气管扩张。入院后患者咳嗽、咳黄黏痰，痰量多。

T：37.8℃，P：88次/分，R：20次/分，BP：115/72mmHg。予以抗感染、胸腺肽口服调节机体免疫功能，辅以止咳、化痰治疗后，症状明显好转，于4天后遵医嘱出院。

该患者的护理诊断有：①清理呼吸道无效/咳嗽、痰量多、黄黏痰，与支气管扩张有关；②活动无耐力/与乏力、发热、肿瘤有关；③体温调节无效/与低热、肿瘤、支气管扩张有关。

**链接一下**

2005年NANDA（北美护理诊断协会）分类包括172项护理诊断。临床常用护理诊断有：活动无耐力；清理呼吸道无效；焦虑；低效型呼吸型态；心输出量减少；便秘；腹泻；恐惧；体液不足/过多；气体交换受损；体温过高/过低；知识缺乏；躯体移动障碍；急性/慢性疼痛；自理缺陷；皮肤完整性受损；睡眠型态紊乱；吞咽受损；体温调节无效；排尿障碍；尿潴留；有误吸的危险；有便秘的危险；有摔倒的危险；有体液不足/失衡的危险；有感染的危险；营养失调；有皮肤完整性受损的危险等。

尝试第二步：陈述护理诊断，见表6-4。

表 6-4　护理诊断的陈述

| 方法＼内容 | P—问题 | S—症状与体征 | E—病因（多用与……有关表示） |
|---|---|---|---|
| 方法1：PSE | 急性疼痛 | 右上腹痛；右肩背部放射痛；双手按右上腹 | 与进食高脂餐及胆道疾病有关 |
| 方法2：PE/SE（临床较常用） | 有体液失衡的危险/呕吐 | / | 与呕吐有关/与胆绞痛有关 |
| 方法3：P | 母乳喂养有效 | / | / |

## 试陈述下列护理诊断

体液不足：用PSE法。与大量出汗有关……

排尿障碍：用PSE法。

有误吸的危险：用PE法。

书写护理诊断的注意事项：① 护理诊断的陈述应简明、准确、规范；② 一个护理诊断只针对一个健康问题；③ 避免与护理目标、措施、医疗诊断相混淆；④ 以收集到的资料作为护理诊断的依据；⑤ 护理诊断陈述的健康问题必须是护理措施能够解决的；⑥ 不应有易引起法律纠纷的描述。

链接一下

1. 两种特殊的护理诊断

（1）医护合作问题——潜在并发症

合作性问题是指由护士和医生共同合作才能解决的问题，多指因脏器病理生理改变所致的并发症，需要医护双方共同合作以减少问题的发生。合作性问题陈述方式为"潜在并发症：胸腔积液"，简写为"PC：胸腔积液"。注意不是所有的并发症都是合作性问题，可通过护理措施解决的属于护理诊断，不能独立处理或预防的则属于合作性问题。护理重点是监测。

（2）知识缺乏：缺乏……方面的知识

2. 护理诊断与医疗诊断的区别

### 表6-5 护理诊断与医疗诊断的区别

| 区别项目 | 护理诊断 | 医疗诊断 |
| --- | --- | --- |
| 研究对象 | 个人、家庭或社区现存的或潜在的健康问题和生命过程的反应 | 个体病理生理改变 |
| 侧重点 | 疾病的反应 | 疾病的本质 |
| 决策者 | 护理人员 | 医疗人员 |
| 职责范围 | 护理 | 医疗 |
| 数量 | 可多个同时存在 | 一种疾病只有一个诊断 |
| 变化情况 | 随患者的变化而变化 | 相对稳定 |

## （三）护理计划

护理计划是针对护理诊断制订具体护理措施的过程，是护理行动的指南。护理计划阶段包括4个方面的内容：排列护理诊断的顺序、设定预期目标、制订护理措施、书写护理计划。

护理计划第一步：确定优先次序，见表6-6。

表 6-6　护理诊断的排序

| 排列方法 | 具体要求 |
|---|---|
| 排序的原则 | 先解决直接危及生命的问题<br>先解决低层次需要，再解决高层次需要<br>与治疗、护理不冲突的前提下，先解决患者认为最重要的问题<br>先解决现存的问题，但不忽视潜在的、有危险性的问题 |
| 排列的顺序 | 首优问题，直接威胁生命的问题<br>中优问题，不直接威胁生命，但可造成身体或精神损害的问题<br>次优问题，在病程发展变化中所产生的问题，可稍后解决 |

### 临床案例

患者，薛某，女性，32岁，因车祸致左侧胸部外伤，胸壁一创口少量流血，随呼吸可闻及明显的"嘶嘶"声，左下肢胫腓骨骨折，断端外露，左额部、肩部擦伤流血不止。主诉胸闷、气促，左下肢疼痛剧烈，由120急救中心送入急诊室。体检：痛苦状，恐慌，面色苍白，呼吸略急促；T：36.5℃，P：109次/分，R：24次/分，BP：100/62mmHg。予以心电监护、吸氧、胸腔闭式引流、止血、抗感染治疗。该患者存在哪些护理诊断？如何排序？

1. 首优问题：气体交换受损/与开放性气胸有关。

2. 中优问题：急性疼痛/与骨折、创伤有关；恐惧/与遭遇车祸、创伤有关。

3. 次优问题：有感染的危险/与多处创伤、开放性骨折有关。

随着一系列治疗护理措施的落实，护理诊断的排序会发生变化。如胸腔闭式引流后，气促问题逐步解决，疼痛及心理方面的问题将更为突出，从而上升为首优问题。

**临床案例**

　　患者，赵某，男性，45岁，间断上腹痛伴反酸、胃灼热、腹胀10年。胃镜诊断为"十二指肠溃疡"。两天来排黑便3次，量约600g，伴头晕、心悸、多汗，今晨起时感头晕，不慎摔倒，致右肘部活动受限。既往有高血压病史。为进一步治疗入院，查大便潜血阳性，右肱骨髁上骨折。入院查体：神志清楚，面色苍白，精神疲软；T：36.8℃，P：98次/分，R：18次/分，BP：102/68mmHg。胃镜检查提示：十二指肠球部溃疡。请列出该患者目前的护理诊断，并按轻重缓急予以排序。

排序的注意事项：

（1）护理诊断的先后顺序并不是固定不变的，可随着疾病的进展和患者的反应变化而发生改变。

（2）护理诊断的排列并非指只有前一个问题完全解决后，才能开始下一个问题。在临床工作中，往往同时解决几个问题，但护理重点应放在解决首优问题上。

护理计划第二步：设定预期目标。

　　预期目标是护理活动预期的结果，也是评价护理效果的标准。每个护理诊断都应有相应的预期目标，即最理想的护理效果。

　　近期目标：一般是指7天内可达到的目标。例如：2天后患者可以顺利咳痰。

　　远期目标：指需要较长时间才能实现的目标。例如：14天后患者可全范围活动肩关节。

**链接一下**

　　1. 预期目标的陈述方式：主语、谓语、行为标准、条件状语及时间状语。

　　　　　　例：5天后　患者　能在搀扶下　离床　站立。

　　2. 陈述目标的注意事项：① 必须切实可行，属于护理工作范畴；② 主语是患者或患者身体的一部分；③ 必须具体、可测量，有具体日期；④ 应具有明确针对性，一个目标针对一个护理诊断；⑤ 应与医疗工作相协调。

护理计划第三步：制订护理措施，见表6-7。

表 6-7  护理措施的内容及类型

| 类型 | 具体内容 |
|---|---|
| 独立性护理措施 | 在护士职责范围之内，由护士独立判断、决定的措施。如心理活动的观察，病情观察，协助患者完成生活护理 |
| 依赖性护理措施 | 需要医嘱才能执行的措施。如用药、输液、雾化吸入 |
| 协调性护理措施 | 需要医护合作完成的措施。如危险问题的预防，健康教育与咨询，提供心理支持、制订出院计划 |

链接一下

　　制订护理措施的注意事项：① 应与医疗工作相协调；② 措施要有针对性，以利于达成预期目标；③ 措施要切实可行、因人而异，既要考虑患者的实际情况和经济实力，也要考虑护理人员的构成情况、医院的设备设施等，体现个性化；④ 应有科学的理论依据；⑤ 措施应明确、具体、全面；⑥ 应保证患者的安全。

护理计划第四步：书写护理计划，见表6-8。

　　护理计划单是护士对患者实施护理的具体方案。包括护理诊断、预期目标、护理措施、效果评价等内容，分别填入表6-8中（因书写量大，目前临床并不常用）。

表 6-8  护理计划单

姓名＿＿＿＿＿＿＿＿　　科别＿＿＿＿＿＿＿＿　　床号＿＿＿＿＿＿＿＿　　住院号＿＿＿＿＿＿＿＿

| 开始日期 | 护理诊断 | 预期目标 | 护理措施 | 签名 | 效果评价 | 停止日期 | 签名 |
|---|---|---|---|---|---|---|---|
| 2012-6-11 9:25 | 疼痛/与胆囊结石、胆绞痛有关 | 入院3天内疼痛缓解 | （1）保持环境安静 （2）予以解释疼痛发生的原因 （3）根据医嘱予以解痉止痛剂，观察并记录用药效果 | 骆芳 | 6-11 19:20患者疼痛减轻 6-13 入院第3天疼痛缓解 | 6-13 16:00 | 陆叶 张络 |

## （四）护理实施

护理实施是将护理计划付诸行动，实现预期目标的过程。在临床实际工作中，特别是抢救危重患者时，护士往往根据应对紧急情况时形成的初步护理计划，立即采取急救护理措施，事后再补上完整的护理计划。

护理实施步骤：准备、实施、记录。见表6-9。

表6-9　护理实施过程

| 计划实施步骤 | 具体内容 |
| --- | --- |
| 第1步：准备 | 安排人力、物力、环境及时间等，以及重新评估，审阅和修改护理计划 |
| 第2步：实施 | 采用不同方法落实每一项护理措施。同时对患者的反应进行评估，评价护理效果，随时调整计划 |
| 第3步：记录 | 护理措施、护理对象的反应及护士观察到的效果。记录方式有多种，常用PIO格式 |

护理实施方法有以下三种：

（1）护士独立完成，见图6-1。

（2）与其他医务人员合作完成，见图6-2。

（3）指导患者及家属共同参与完成，见图6-3。

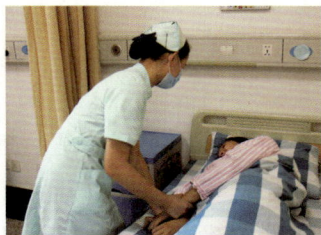

图6-1　护理实施方法（1）　　图6-2　护理实施方法（2）　　图6-3　护理实施方法（3）

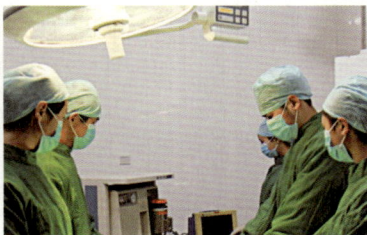

## （五）护理评价

护理评价是护理程序的最后一个步骤，但实际上评价贯穿着护理程序的全过程。评价是将实施护理计划后的效果、质量做出评定的过程，是将护理结果与预定的护理目标逐一对照的过程。护理评价的步骤如图6-4所示

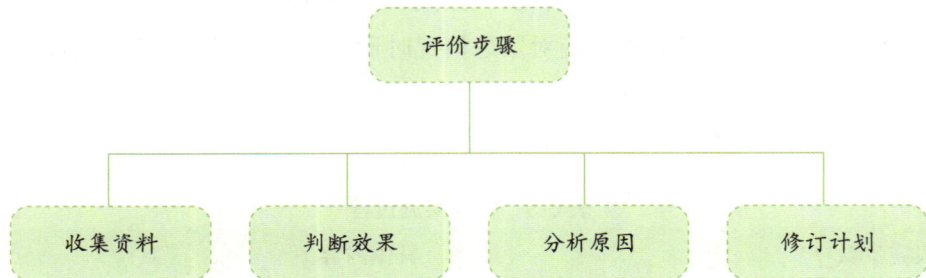

图6-4　护理评价的步骤

## 临床案例

　　患者，王某，男性，40岁，被扶行入院。因昨晚进食油煎荷包蛋后，于18:10时出现右上腹疼痛，向右侧肩背部放射，并伴有恶心、呕吐。1年前曾有类似发作史。入院诊断：慢性胆囊炎急性发作，胆囊结石嵌顿。急诊在全麻下行腹腔镜胆囊切除术，腹腔引流术，术后予以抗炎、止血、支持治疗。术后患者情绪良好，生命体征平稳，于第2天肠功能恢复，拔除腹腔引流管，下床活动，术后第5天出院，予以相关出院指导。

　　如何进行出院评价？

（1）收集资料、判断效果

护理评价的内容包括护理过程、护理效果和目标实现程度的评价。最重要的是护理效果评价。

例1：急性疼痛—护理措施为心理护理，解释疼痛的原因，稳定患者情绪；取半卧位；保持病室安静，温度适宜；根据医嘱及时使用解痉止痛药物。预期目标：3小时内右上腹疼痛程度减轻，3天后右上腹疼痛消失。

　◆ 用药3小时后护理效果评价：良好（疼痛评分从8分降至4分）。

　◆ 目标实现程度评价：近期目标完全实现。

　◆ 护理过程评价：护士按护理程序标准执行了护理活动。

例2：焦虑—护理措施为及时与患者沟通，倾听患者对疾病的担忧，及时消除患者的疑虑；讲解疾病发生的原因；介绍手术室环境、手术方式及效果；介绍主管医生及自我介绍。预期目标：1天后情绪趋平稳，3天后情绪好转。

　◆ 1天护理效果评价：患者情绪较前稳定。

　◆ 目标实现程度评价：近期目标完全实现。

◆ 护理过程评价：护理活动符合护理程序标准。

**链接一下**

1. 护理评价的方式：护士自我评价，护理查房，护士长和护理教师的评价。
2. 护理评价的时间：及时评价，阶段评价，终结评价（包括转科、出院或死亡后所进行的评价）。
3. 目标实现程度分为：目标完全实现——终止计划；目标部分实现——继续有效的措施；目标未实现——收集新资料，重订计划。

（2）分析原因

护理程序的五个步骤相互联系、相互依赖、相互影响，是一个循环往复的过程。

当护理程序的任何一步出现问题，都将影响其他步骤。例如：评估阶段不全面→护理诊断不准确→计划不完整→护理措施不周到→护理评价不确切。

在临床护理工作中，护理程序的步骤也渗透在每一项护理工作中，不会机械地按部就班呈现，而是综合体现在护理活动中。例如：在巡视病房与患者沟通时，会完成病情评估、落实护理措施、效果评价等步骤（图6-5）。

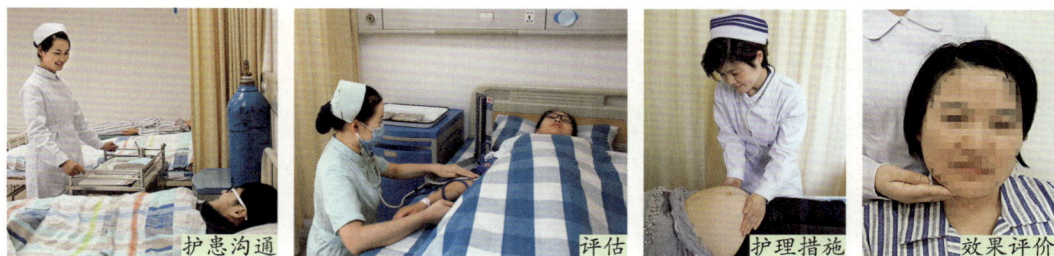

图6-5　综合护理活动

# 任务二　书写护理病案

## 我们的目标是……

◎ 熟悉护理病案记录方法

## 我们的任务是……

◎ 了解临床常用护理记录单
◎ 熟悉常用护理记录方法

现场直击
布置任务

小张已按护理程序要求完成了班内的工作，该怎样记录护理病案呢？

一、了解常用护理记录格式
二、熟悉常用护理记录方法

## 任务实施中……

在临床应用护理程序的过程中，患者相关的健康资料、护理诊断、护理目标、护理措施、护理记录和效果评价等均要形成书面记录，这些记录构成护理病案。临床有多种记录表格，最常见有以下5种：

（1）入院护理评估单：其用途为对新患者进行初步评估，找出患者的健康问题，提出护理诊断。要求在患者入院后24小时内完成，记录方式多为"打钩"式（前述护理评估中已有说明）。

（2）护理计划单：即对患者实行护理的具体方案（记录格式在护理计划中已有说明）。临床使用范围不广，目前并无全国性统一规定。

（3）护理记录单：记录患者的健康状况和护理措施实施的情况，即护士运用护理程序为患者解决问题的记录。方式有多种，目前临床强调以问题—措施—评价的原则进行记录。常见形式有PIO格式（表6-10）和混合格式（适用于电子病历，表6-11）。

### 表 6-10 护理记录单

姓名_____ 科别_____ 病室_____ 床号_____ 住院号_____

| 日期 | 时间 | 护理动态 | 护士签名 |
|---|---|---|---|
| 2013<br>6-1 | 9:00 | P：疼痛评8分，与胆石嵌顿，胆囊炎症有关<br>I：① 保持病室安静，温度适宜；② 取半卧位；③ 予以心理护理：解释发生疼痛的原因；④ 根据医嘱予以静滴6-542，VK$_1$，肌注杜冷丁50mg | 王红/骆芳<br>王红 |
| | 10:00 | O：疼痛评4分，患者主诉疼痛好转 | 王红 |

### 表 6-11 护理记录单

姓名_____ 科别_____ 病室_____ 床号_____ 住院号_____

| 日期 | 神志 | 生命体征 | | | | 治疗措施 | 护理措施代码 | 病情补充记录 | 护士签名 |
|---|---|---|---|---|---|---|---|---|---|
| | | T℃ | P次/分 | R次/分 | BP mmHg | | | | |
| 2013<br>6-1<br>9:00 | 清 | 37 | 98 | 18 | 135/85 | 肌注杜冷丁50mg | AG | 患者主诉疼痛难忍，大汗淋漓，评8分 | 王红/骆芳 |
| 10:00 | 清 | | 88 | 17 | 125/75 | 6-542 15mg 加入5%葡萄糖250ml中静滴 | | 患者主诉疼痛好转 | 王红 |

代码说明：A. 心理护理 B. 入院介绍 C. 翻身 D. 叩背 E. 高热护理 F. 术前指导 G. 卧位指导（具体代码由各医院自定）

（4）住院患者护理评估单：护士对分管组内的患者病情定期进行评估，内容可视病情而定。目前临床上多与护理记录单合并成混合式的记录单，格式多样。

同学们，请给表6-12与表6-13所示两份护理记录纠错，找出不当之处。

表 6-12　护理记录单

姓名_____　科别_____　病室_____　床号_____　住院号_____

| 日期 | 时间 | 护理动态 | 护士签名 |
|---|---|---|---|
| 2013 6-1 | 9:00 | P：咳痰不畅：与痰液黏稠、切口疼痛不敢咳嗽有关<br>I：①鼓励多饮水，补充机体水分；②按医嘱予以雾化吸入，稀释痰液；③予以心理护理：解释痰液黏稠的原因；④鼓励患者克服疼痛，用力咳嗽 | 王红/骆芳 |
| 2013 6-1 | 16:00 | O：患者咳痰较前通畅 | 骆芳 |

表 6-13　护理记录单

姓名_____　科别_____　病室_____　床号_____　住院号_____

| 日期 | 神志 | 生命体征 | | | | 治疗措施 | 护理措施代码 | 病情补充记录 | 护士签名 |
|---|---|---|---|---|---|---|---|---|---|
| | | T ℃ | P 次/分 | R 次/分 | BP mmHg | | | | |
| 2013 6-1 9:00 | 清 | 38 | 98 | 21 | 140/85 | 糜蛋白酶4000u雾化吸入 | A G | 患者主诉咳嗽，痰液咳不出，感觉喘不过气来 | 王红/骆芳 |
| 16:00 | 清 | 39 | 108 | 22 | 135/75 | 沐舒坦 15mg 加入5%葡萄糖100ml中静滴 | E | 患者主诉头痛，胸口发闷，痰多，能咳出 | 王红 |

代码说明：A. 心理护理　B. 入院介绍　C. 翻身　D. 叩背　E. 高热护理　F. 术前指导　G. 卧位指导（具体代码由各医院自定）

以上两份护理记录中，至少各有四处不当之处，你找到了吗？

（5）患者出院护理记录单：包括健康教育和护理小结（表6-14）。

表6-14　出院护理记录单

姓名_____　科别_____　病室_____　床号_____　住院号_____

住院天数_____　出院日期_____

（一）出院护理小结（护理过程与护理评价）

_____

（二）出院指导

1．休息和功能锻炼：_____

2．营养指导：

应遵循的膳食：_____

限制的饮食：_____

3．出院带药：（包括名称、剂量、时间、用法、注意事项）

_____

_____

4．特殊指导：_____

　　对患者和家属进行健康教育，是促进患者康复、达到最佳健康状态的重要途径。健康教育应贯穿于护理全过程（表6-15）。

表6-15　健康教育计划单

姓名_____　科别_____　病室_____　床号_____　住院号_____

| 健康教育项目 | 日期 | 时间 | 教育对象 | | 教育方式 | | 效果评价 | | | | 签名 |
|---|---|---|---|---|---|---|---|---|---|---|---|
| | | | 患者 | 家属 | 讲解 | 示范 | 复述 | 解释 | 模仿 | 回示操作 | |
| 有效咳嗽 | 2013 3-4 | 9:00 | ✓ | | ✓ | ✓ | | | | ✓ | 沈时 |
| 颈部过伸位 | 2013 3-5 | 14:00 | ✓ | ✓ | ✓ | ✓ | | | | ✓ | 秦悦 |
| 饮食宣教 | 2013 3-6 | 15:30 | ✓ | ✓ | ✓ | | ✓ | | | | 叶珊 |

**聚焦二十大**

党的二十大报告指出：实施积极应对人口老龄化国家战略，发展养老事业和养老产业，优化孤寡老人服务，推动实现全体老年人享有基本养老服务。在为老年人服务时，作为护士的你，实施护理程序要特别注意些什么？

# 护考"120"

## 一、填空题

1. 护理程序的5个基本步骤依次为：_____、_____、护理计划、_____和护理评价。

2. 在对病人进行评估时，健康资料最主要的来源是_____。

3. 护理诊断中"潜在并发症"是指_____。

## 二、单项选择题

4. 关于护理程序的概念，描述最正确的是（　　　）

   A. 一种护理工作的分工类型　　　　B. 一种护理工作的简化形式

   C. 一种系统的解决问题方法　　　　D. 一种护理操作的模式

   E. 一种护理活动的动态过程

5. 构成护理程序理论框架的是（　　　）

   A. 压力与适应理论　　　　　　　　B. 系统理论

   C. 信息交流论　　　　　　　　　　D. 成长和发展理论

   E. 自理理论

6. 以下客观资料，记录正确的是（　　　）

   A. 每天排尿1～2次，量少　　　　　B. 咳嗽剧烈，有大量黏痰

   C. 每天饮水5次，每次约200ml　　　D. 每餐主食2碗，一日3餐

   E. 持续低热1个月，午后明显

7. 护士为病人健康评估，属于主观方面的健康资料是（　　　）

   A. 血压120/80mmhg　　　　　　　　B. 头昏脑涨

   C. 膝关节部皮肤破损1cm×2cm　　　D. 肘关节红肿、压痛

   E. 肌力3级

8. 为入院病人进行护理评估，收集资料的方法不正确的是 （　　）

　　A．通过医生查体获得资料

　　B．通过有关护理文献记录获得资料

　　C．通过与病人、家属交谈获得资料

　　D．通过阅读病人病历获得病史资料

　　E．通过观察病人的非语言行为了解客观资料

9. 护理诊断PSE公式中，P代表 （　　）

　　A．病人的既往史　　　　B．临床表现　　　　　C．病人的健康问题相关因素

　　D．健康问题　　　　　E．体征

10. 护理诊断描述的内容是 （　　）

　　A．病人对健康问题所做出的心身反应

　　B．病人患病后生理、心理改变

　　C．病人所患疾病的病理、生理状态

　　D．病人生活中诱发疾病的不健康生活方式

　　E．假如没有并发症，一位病人一般只有一个护理诊断

11. 护士收集健康资料的目的，不正确的是 （　　）

　　A．了解病人的隐私，为确立护理诊断提供依据

　　B．为制订护理计划提供依据

　　C．为评价护理效果提供依据

　　D．为护理科研积累资料

　　E．为了解病人的心理特征，选择护理实施方法提供依据

12. 护理记录常采用PIO形式，其中"O"代表的是 （　　）

　　A．健康问题　　　　　B．护理诊断　　　　　C．护理目标

　　D．护理措施　　　　　E．护理计划实施的效果

13. 常先生，56岁，心前区压榨样疼痛4小时。查体：痛苦面容、冷汗，呼吸28次/分、脉搏110次/分，血压90/56mmHg。护士应重点收集的资料是 （　　）

　　A．遗传史　　　　　　B．吸烟史　　　　　　C．酗酒史

　　D．心绞痛病史　　　　E．生活习惯

14. 李奶奶，69岁，因呼吸窘迫综合征入院。护士拟系统地评估病人的健康情况，其中通过触觉可获得的健康资料是 （　　）

　　A．意识状态　　　　　B．营养状态　　　　　C．脉搏的节律

　　D．皮肤的颜色　　　　E．呼吸的频率

15．金奶奶，73岁，肺气肿15年，因胸闷、憋气、烦躁不安就诊。查体：呼吸30次/分，鼻翼扇动，发绀。护士为病人制定护理计划，其主要的健康问题是（　　）

A．清理呼吸道无效

B．气体交换受损

C．肺气肿

D．低效性呼吸形态

E．自主呼吸困难

16．裴女士，27岁，车祸外伤急诊入院。急诊护士收集资料评估病人后，确认存在以下健康问题，其中应优先解决的护理问题是（　　）

A．皮肤完整性受损　　　　B．尿失禁　　　　　　　C．有窒息的危险

D．有感染的危险　　　　　E．自理缺陷

17．周女士，65岁，发热、咳嗽。查体：体温39.2℃，脉搏90次/分，呼吸24次/分；肺部少量湿啰音。护士对其制定的护理目标正确的是（　　）

A．2天内护士协助病人维持正常体温

B．2天内在护士指导下病人维持体温在38.5℃以下

C．2天内在护士指导下维持病人正常体温

D．2天内在降温措施辅助下维持病人体温在38.5℃以下

E．在降温措施辅助下维持病人体温正常

三、多项选择题

18．收集护理对象的健康资料中包括的信息是（　　）

A．病人的年龄、民族、职业　　　　　B．既往病史

C．病人的家庭经济情况　　　　　　　D．家庭的业余爱好

E．病人的饮食状况

19．下列属于主观资料的是（　　）

A．瘙痒　　B．恶心　　C．腹痛　　D．头晕　　E．恐惧

20．下列对护理诊断的描述，正确的是（　　）

A．护理诊断必须以收集到的资料为依据

B．护理诊断的陈述应简明、准确、规范

C．一个诊断可针对多个健康问题

D．护理诊断陈述的健康问题必须是护理措施能够解决的

E．确立护理诊断应贯彻整体护理观念

项目七

# 熟悉伦理法规

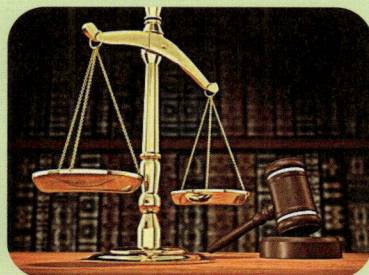

# 任务一 思考护理伦理

## 我们的目标是……

◎ 熟悉护理伦理基本理念及护理执业中的具体伦理原则

◎ 熟悉患者和护士的权利与义务

## 我们的任务是……

◎ 学习并感悟体会各种伦理理念和具体原则

◎ 运用护理伦理分析实际案例

现场宣誓
布置任务

### 南丁格尔誓言

余谨以至诚，于上帝及会众面前宣誓：

终身纯洁，忠贞职守，尽力提高护理之标准；

勿为有损之事，勿取服或故用有害之药；

慎守患者家务及秘密，竭诚协助医生之诊治，务谋病者之福利。

谨誓！

一、护理伦理理念

二、护理伦理原则

三、护士与患者的权利和义务

## 任务实施中……

### 一、护理伦理的基本理念

护理工作与人的生命息息相关，其主旋律就是人性关怀和照顾。护理道德关系中最基本、最首要的关系是正确处理护理人员与患者之间的关系。在护理工作中，面临诸多的道德难题和困惑，面对护理对象，护士的行为绝不是简单的不受思想、理论和观点支配的行为。护士必须思考自己该做什么，该怎么做，怎样做才对自己的服务对象有利，对他人和社会有利等。理解和掌握伦理学的基本理念，有助于护理人员澄清自己的伦理立场，解决某些伦理困境，为做出合理的行为选择提供更为可靠的依据。这些基本理念包括生命论、人道论、公益论、义务论、美德论等（表7-1）。

表 7-1　护理伦理基本理念

| 基本理念 | 主要内容 |
|---|---|
| 生命论 | 生命神圣论，生命质量论，生命价值论 |
| 人道论 | 尊重患者的生命及其价值、尊重患者的人格、尊重患者的权利 |
| 公益论 | 服务对象、相关者及医学界的利益，社会公益，公正、合理的原则 |
| 义务论 | 承担诊治、解释说明、保密及遵守卫生法律法规义务、宣传普及医学知识 |
| 美德论 | 善良仁爱、忠诚真实、审慎严谨、敬业进取、公正廉洁 |

### 案例故事

　　2003年3月初，"非典"袭击广州。广东省某医院急诊科里，一个白色的身影在不停地忙碌着，她就是在该院工作了23年的急诊科护士长——叶欣。在抗击"非典"的日子里，叶欣总是身先士卒，把风险留给自己，把安全留给别人，有时甚至关起门来抢救，不让太多的人介入。"我已经给这个患者测过体温、听过肺、吸过痰了，你们就别进去了，尽量减少感染的机会。"在"非典"肆虐的日子里，这番话让许多年轻的护士流下了眼泪。2003年3月24日凌晨，因抢救"非典"患者而不幸染病的叶欣光荣殉职，终年47岁。生前，她留下了一句刻骨铭心的话："这里危险，让我来。"

　　我的感悟心语：＿＿＿＿＿＿＿＿＿＿＿＿＿＿＿＿＿＿＿＿＿＿＿＿＿＿＿＿＿＿

## 植物人生命应该维持吗？

患者，高某，女性，28岁，技术员。因某种原因服用安定一百余片自杀，经抢救后复苏，用去医药费7万余元。因脑损伤严重，呈植物生存状态已4年之久。现仍保留气管切开套管，患者抵抗力极差，经常发生肺部感染，因需要不断治疗，已欠医药费10万元。

对此，该院医务人员议论纷纷，有些人认为既然是自杀，当初就不应该抢救；也有些人认为当初抢救是对的，但目前应放弃治疗以促其尽快死亡。你认为此种情形下该如何抉择？伦理依据是什么？

## 二、护理执业中的具体伦理原则

我们经常听到"救死扶伤，实行社会主义的医学人道主义，全心全意为人民的身心健康服务"，这是我国医务界普遍的基本道德原则，激励着无数的医务人员在防病治病，维护健康和抢救生命，并以良好的服务精神和精湛的技术服务大众。

在医学科技迅猛发展和人们的权利意识有了较大提高的今天，我们需要掌握更多的具体伦理原则，去更好地回答和解决当今医疗和护理工作中大量的、实际的伦理学问题。在20世纪80年代初，比彻姆和查尔瑞斯在《生命医学伦理原则》一书中提出了医学伦理学的四个基本原则，即尊重（自主）原则、不伤害原则、公正原则和行善（有利）原则（表7-2），这些原则已被国际广泛接受，同样也适用于护理实践中。

**表 7-2　护理伦理学的具体原则**

| 具体原则 | 基本要求 |
|---|---|
| 尊重（自主）原则 | • 尊重患者的知情同意与选择权、隐私权<br>• 切实履行责任，协助患者行使自主权<br>• 正确行使护理自主权 |
| 不伤害原则 | • 不伤害患者：避免技术性、行为性和经济性伤害 |
| 公正原则 | • 平等地对待患者<br>• 合理地分配医疗资源<br>• 公正地处理事故和纠纷 |
| 行善（有利）原则 | • 医疗护理最优化：代价/效益分析结果为代价小于效益<br>• 积极做对患者有益的事<br>• 既使患者受益，又不损害第三方利益 |

## 小贴士

### 停止行善的条件

何时停止行善呢？为患者提供照顾是医护人员的天职，但是面对一个永久性昏迷的患者，当治疗和护理徒劳无益时，医护人员是否可以停止行善呢？1973年美国医学会认为，停止对患者的行善需符合下列三个条件：第一，患者的生命要靠非常性的方法维持；第二，患者已被证实为生物性死亡；第三，患者及（或）其家属同意。

## 读一读

### 护士心语

◆ 技术精益求精，用心呵护健康。

◆ 服务全心全意，用爱构筑和谐。

◆ 我们愿以优良的服务技术和真诚的工作态度，抚平您的伤痛，帮助您扬起生活的风帆。

## 案例分析

### 医护人员要不要替他保密？

一位男青年被检查出HIV抗体阳性，但是他要求医生不要将此结果告诉他的女友，因为他很快就要跟女友结婚了。医护人员要不要替他保密？说出你的伦理依据。

## 三、患者的权利和义务

在护患关系中，双方应按照一定的道德原则和规范来约束、调整自身的行为，尊重彼此的权利和履行各自的义务。护士尊重患者的权利并督促患者履行相应的义务，是提供高品质护理服务的一个重要方面。

### 1. 患者的权利

国际相应约定和我国法律法规规定，患者的权利包括下列主要内容：

（1）个人隐私和个人尊严获得保护的权利：患者有权要求有关其病情资料、治疗内容和记录应视同个人隐私，须保守秘密。患者有权要求对其医疗计划，包括病例讨论、会诊、检查和治疗都应审慎处理，不允许未经患者同意而泄露，不允许任意将患者姓名、身体状况、私人事务公开，更不能与其他不相关人员讨论别人的病情和治疗，否则就是侵害公民名誉权，应受到法律的制裁。

（2）获得全部实情的知情权：患者有权获知有关自己的诊断、治疗和预后的最新信息。在医疗活动中，医疗机构及其医务人员应当将患者的病情、医疗措施、医疗风险等如实告知患者，及时解答其咨询；但是，应当避免对患者产生不利后果。

（3）平等享受医疗的权利：当人们的生命受到疾病的折磨时，他们就有解除痛苦、得到医疗照顾的权利，有继续生存的权利。任何医护人员和医疗机构都不得拒绝患者的求医要求。人们的生存权利是平等的，享受的医疗权利也是平等的。医护人员应平等地对待每一位患者，自觉维护一切患者的权利。

（4）参与决定有关个人健康的治疗的权利：患者有权在接受治疗前，如手术、重大的医疗风险、医疗处置有重大改变等情形下，得到正确的信息，只有当患者完全了解可选择的治疗方法并同意后，治疗计划才能被执行。患者有权在法律允许的范围内拒绝接受治疗。医务人员要向患者说明拒绝治疗对生命健康可能产生的危害。如果医院计划实施与患者治疗相关的研究，患者有权被告知详情并有权拒绝参加研究计划。

（5）有权获得住院时及出院后完整的医疗权利：医院对患者合理的服务需求要有回应。医院应依病情的紧急程度，对患者提供评价、医疗服务及转院。只要医疗上允许，患者在被转到另一家医疗机构前，必须先交代有关转送的原因，以及可能的其他选择的完整资料与说明。患者将转去的医疗机构必须已先同意接受此位患者的转院。

（6）医疗服务的选择权、监督权：患者有比较和选择医疗机构、检查项目、治疗方案的权利。医务人员应力求较为全面细致地介绍治疗方案，帮助患者了解和做出正确的判断和选择。患者同时还有权利对医疗机构的医疗、护理、管理、后勤、医德医风等方面进行监督，因为患者从到医疗机构就医开始，即已拥有与己有关事务的监督权。

（7）免除一定社会责任和义务的权利：按照患者的病情，可以暂时或长期免除服兵役、献血等社会责任和义务，这也符合患者的身体情况、社会公平原则和人道主义原则。

（8）获得赔偿的权利：由于医疗机构及其医务人员的行为不当，造成患者人身损害的，患者有通过正当程序获得赔偿的权利。

### 2. 患者的义务

权利和义务是相对的，患者在享有正当权利的同时，也应负起应尽的义务，对自身健康和社会负责。

（1）积极配合医疗护理的义务：患者患病后，有责任和义务接受医疗护理，和医务人员合作，共同治疗疾病，恢复健康。患者在同意治疗方案后，要遵循医嘱。

（2）自觉遵守医院规章制度：医院的各项规章制度是为了保障医院正常的诊疗秩序，就诊须知、入院须知、探视制度等都对患者和家属提出要求，这是为了维护广大患者利益的需要。

（3）自觉维护医院秩序：医院是救死扶伤、实行人道主义的公共场所，医院需要保持一定的秩序。患者应自觉维护医院秩序，包括安静、清洁、保证正常的医疗活动以及不损坏医院财产。

（4）保持和恢复健康：医务人员有责任帮助患者恢复健康和保持健康，但对个人的健康保持需要患者积极参与。患者有责任选择合理的生活方式，养成良好的生活习惯，保持和促进健康。

## 四、护士的权利和义务

护士在执业过程中，必须享有一定的权力，履行必要的义务（表7-3），才能促使护理事业健康地发展。护士的权力和义务详见本教材附录《护士条例》第三章。

**表 7-3　护士的权利和义务**

| 序号 | 护士的权利 | 护士的义务 |
|---|---|---|
| 1 | 行使护理职责的权利 | 对患者尽职尽责，增进健康，防病治病，恢复健康，减轻痛苦 |
| 2 | 获得进修、考察、深造的权利 | 尊重人的生命，尊重人的尊严，尊重人的权利 |
| 3 | 尊重和获取合理报酬的权利 | 对他人、社会尽义务 |
| 4 | 特殊干涉权 | 发展护理科学的义务 |
| 5 | 参与医疗卫生事业的发展，提出建议和参与实施的权利 | 为患者尽义务是无条件的 |

**演一演**

### 争做明星小护士

案例回放：

患者，张某，女性，51岁，因腰椎间盘突出入院准备手术治疗。

患者入院后第二天早上，护士长带护士查房，张某向护士长反映，夜间无护士来巡视病房。

第二天晚上，值班护士整夜一分不差地按规定每半小时就轻轻地去病房转一圈。

但第三天早上，患者又向护士长反映护士工作不到位，巡视病房仅是形式。

第三天晚上，患者早早吃完安定片准备迎接次日的手术，而值班护士每隔半小时就给患者换杯开水，并询问："喝水吗?"，或每半小时打开床头灯问张某："您盖一床被子冷吗?""您怎么还没有睡着?""您是不是太紧张了?"

结果因患者没休息好，第四天早晨测血压时，血压值200/130mmHg，无法进行手术。患者一气之下，又将护士告到院长办公室。

**改一改**

## 改编剧本

找出上述案例中护士在工作中要注意的问题，并进行改编。

**链接一下**

## 患者角色适应不良

按常规思维，人一旦得病就应该去医院看病，进入患者角色。但实际情况却并非如此简单，患者往往会出现一些角色适应不良的情况。

1. 角色缺如　即没有进入患者角色，否认自己有病，或对患者的角色感到厌倦、悲观、绝望，这是一种常见的心理防御机制。不少初诊为癌症的患者常出现患者角色缺如。

2. 角色冲突　指人在适应患者角色过程中与其生活中各种角色发生心理冲突导致的行为矛盾。患者可能意识到自己有病但不能接受患者角色，而产生焦虑、烦恼、茫然，甚至痛苦。这是把疾病看作挫折的心理表现。

3. 角色消退　指个体已适应了患者角色，但由于某些突发原因，使他必须承担常态角色下的义务，转向常态下的社会角色。

4. 角色强化　一般常发生于由患者角色向常态角色转化时，仍然以患者角色要求自己，对自我能力怀疑、失望，对原承担的社会角色恐惧。表现为多疑、依赖、退缩，对恢复正常的生活没有信心。

# 任务二　熟悉职业法规

## 我们的目标是……

◎ 掌握《护士条例》中关于护士注册的主要内容

◎ 熟悉《医疗事故处理条例》《医疗纠纷预防与处理条例》的主要内容

## 我们的任务是……

◎ 结合案例进行护理法规处置训练

◎ 在实际工作中正确运用相关卫生法律法规

现场直击
布置任务

> 经过三年的刻苦学习，小丽今年从卫校毕业了。她来到人民医院求职应聘，护理部老师要求她提供学历证书及护士执业考试的相关证明。
>
> 护士如何取得执业资格？

## 任务实施中……

### 一、《护士条例》与护士执业注册

为了维护护士的合法权益，规范护理行为，促进护理事业发展，保障医疗安全和人体健康，国务院于2008年1月23日通过了《护士条例》，自2008年5月12日起施行。

#### 1.《护士条例》的主要内容

《护士条例》包括总则、执业注册、权利和义务、医疗卫生机构的职责、法律责任和附则6章35条内容。

《护士条例》第二和第三条指出：护士是经执业注册取得护士执业证书，依照《护士条例》规定从事护理活动，履行保护生命、减轻痛苦、增进健康职责的卫生技术人员。护士人格尊严、人身安全不受侵犯。护士依法履行职责，受法律保护。全社会应当尊重护士。

### 2. 护士执业注册

《护士条例》第二章第七条规定：护士执业，应当经执业注册取得护士执业证书（图7-1）。

《护士条例》第二章对护士执业注册的申请条件、注册时间及方法、变更执业地点及延续注册等作出了详细规定（表7-4）。

图 7-1　护士执业证书

表 7-4　护士执业注册

| 执业注册 | 具体要求 |
|---|---|
| | <br>● 具有完全民事行为能力 |
| 申请条件 | <br>● 在中等职业学校、高等学校完成国务院教育主管部门和国务院卫生主管部门规定的普通全日制3年以上的护理、助产专业课程学习<br>● 在教学、综合医院完成8个月以上护理临床实习<br>● 取得相应学历证书 |
| | <br>● 通过国务院卫生主管部门组织的护士执业资格考试<br>● 符合国务院卫生主管部门规定的健康标准 |

续表

| 执业注册 | | 具体要求 |
|---|---|---|
| 注册时间 | | • 护士执业注册申请，应当自通过护士执业资格考试之日起3年内提出<br>• 逾期提出申请的，除具备上述条件外，还应当在符合国务院卫生主管部门规定条件的医疗卫生机构接受3个月临床护理培训并考核合格 |
| 注册方法 | | • 申请护士执业注册的，应当向拟执业地省、自治区、直辖市人民政府卫生主管部门提出申请<br>• 收到申请的卫生主管部门应当自收到申请之日起20个工作日内做出决定，对具备规定条件的，准予注册，并发给护士执业证书；对不具备规定条件的，不予注册，并书面说明理由<br>• 护士执业注册有效期为5年 |
| 变更执业地点 | | • 护士在其执业注册有效期内变更执业地点的，应当向拟执业地省、自治区、直辖市人民政府卫生主管部门报告<br>• 收到报告的卫生主管部门应当自收到报告之日起7个工作日内为其办理变更手续<br>• 护士跨省、自治区、直辖市变更执业地点的，收到报告的卫生主管部门还应当向其原执业地省、自治区、直辖市人民政府卫生主管部门通报 |
| 延续注册 | | • 护士执业注册有效期届满需要继续执业的，应当在护士执业注册有效期届满前30日向执业地省、自治区、直辖市人民政府卫生主管部门申请延续注册<br>• 收到申请的卫生主管部门对具备规定条件的，准予延续，延续执业注册有效期为5年；对不具备本条例规定条件的，不予延续，并书面说明理由 |

**现场直击布置任务**

　　一名外科病区的主任协助该病区一位中年医生（两人曾经发生过矛盾）进行股静脉结扎手术，术后主任对一护士说："你看着好了，他有得好看了！"不久病人的下肢坏死，原因是病人的股动脉被结扎了！

1. 主刀医生和科主任各自缺乏哪项医护人员的基本素质？
2. 对他们的处罚分别适用哪部法律？

## 二、《医疗纠纷预防和处理条例》

为了预防和妥善处理医疗纠纷，保护医患双方的合法权益，维护医疗秩序，保障医疗安全，中华人民共和国国务院于2018年6月20日通过了《医疗纠纷预防和处理条例》（以下简称《条例》），并于2018年10月1日起施行。

### 1. 医疗纠纷的定义

《条例》第二条将"医疗纠纷"定义为"医患双方因诊疗活动引发的争议。"

### 2.《条例》的主要内容

《条例》包括总则、医疗纠纷预防、医疗纠纷处理、法律责任和附则5章，共计56条。

表7-5 《医疗纠纷预防和处理》的主要内容

| 主要内容 | 主要条款 |
| --- | --- |
| 第一章 总则 | 第一条 第八条 |
| 第二章 医疗纠纷预防 | 第九条 第二十一条 |
| 第三章 医疗纠纷处理 | 第二十二条 第四十四条 |
| 第四章 法律责任 | 第四十五条 第五十三条 |
| 第五章 附则 | 第五十四条 第五十六条 |

### 3.《条例》的十大要点

（1）以患者为中心，预防医疗风险。

《条例》明确将预防理念纳入立法目的，专设第二章"医疗纠纷预防"，从人文关怀、遵规守法、规范化管理诊断、治疗、护理、药事、检查等方面，详细规定了医疗纠纷的预防措施。《条例》还要求医疗机构及其医务人员正确规范填写并妥善保管病历资料，规定患者有权查阅、复制全部病历资料。建立健全医患沟通与投诉接待制度，对于医疗纠纷的预防起到举足轻重的作用，《条例》对此作出了相应的规定。可见，医疗纠纷预防与处理并重是《条例》传递的重要理念。

（2）多部门合作共治，将医疗纠纷纳入社会治安综合治理体系。

《条例》第五条及第六条规定，在县级以上人民政府的领导下，卫生主管部门、司法行政部门、公安机关、财政、民政、保险监督管理等部门和机构按照各自职责做好医疗纠纷预防和处理的指导、调解、执法、理赔等有关工作。

（3）发挥人民调解在医疗纠纷处理中的主渠道作用。

《条例》第二十二条规定，发生医疗纠纷，医患双方可以通过下列途径解决：①双方自愿协商；②申请人民调解；③申请行政调解；④向人民法院提起诉讼；⑤法律、法规规定的其他途径。其中人民调解是医疗纠纷处理的主渠道。

（4）医疗损害鉴定坚持同行评议的原则。

《条例》第三十五条规定，医疗损害鉴定专家库由设区的市级以上人民政府卫生、司法行政部门共同设立。专家库应当包含医学、法学、法医学等领域的专家。聘请专家进入专家库，不受行政区域的限制。

（5）建立医疗风险分担机制。

《条例》第七条规定，国家建立完善医疗风险分担机制，发挥保险机制在医疗纠纷处理中的第三方赔付和医疗风险社会化分担的作用，鼓励医疗机构参加医疗责任保险，鼓励患者参加医疗意外保险。

（6）强化医疗机构依法执业。

《条例》要求医疗机构在知情同意告知、新技术准入管理和医疗风险防范应急预案以及病历资料封存、向卫生主管部门报告重大医疗纠纷等工作环节上依法开展工作。

（7）统一赔偿标准。

《条例》明确医疗损害赔偿与一般人身损害赔偿适用相同的赔偿标准。

（8）取消医疗事故分级。

2002年实施的《医疗事故处理条例》，将医疗事故分为4级。新《条例》取消了"医疗事故"的分级和定义，但是并没有取消"医疗事故"一词。

《条例》第五十五条规定，对诊疗活动中医疗事故的行政调查处理，依照《医疗事故处理条例》的相关规定执行（详见《医疗事故处理条例》第四章"医疗事故的行政处理与监督"，第三十五条至四十五条）。

（9）强化建立健全医患沟通机制。

由于患方医疗知识缺乏及对医院的不信任等众多原因，导致医患纠纷发生率居高不下，其中因医患沟通不足为主要原因的医疗纠纷占比近三分之二。因此，加强医患沟通是预防及处理医疗纠纷的主要方法和途径之一。《条例》第十七条和第三十条强化了医患沟通机制的建立健全。

第十七条规定，医疗机构应当建立健全医患沟通机制，对患者在诊疗过程中提出的咨询、意见和建议，应当耐心解释、说明，并按照规定进行处理；对患者就诊疗行为提出的疑问，应当及时予以核实、自查，并指定有关人员与患者或者其近亲属沟通，如实说明情况。

第三十条规定，医患双方选择协商解决医疗纠纷的，应当在专门场所协商，不得影响正常医疗秩序。医患双方人数较多的，应当推举代表进行协商，每方代表人数不超过5人。

（10）强调新闻媒体责任。针对我国目前新闻报道对医疗工作的影响，《条例》第八条和第五十一条强调了新闻媒体的责任。

第八条规定，新闻媒体应当加强医疗卫生法律、法规和医疗卫生常识的宣传，引导公众理性对待医疗风险；报道医疗纠纷，应当遵守有关法律、法规的规定，恪守职业道德，做到真实、客观、公正。

第五十一条规定，新闻媒体编造、散布虚假医疗纠纷信息的，由有关主管部门依法给予处罚；给公民、法人或者其他组织的合法权益造成损害的，依法承担消除影响、恢复名誉、赔偿损失、赔礼道歉等民事责任。

## 链接一下

2002年《医疗事故处理条例》医疗事故的定义及分级

一、医疗事故的定义及构成要件

第二条 本条例所称医疗事故，是指医疗机构及其医务人员在医疗活动中，违反医疗卫生管理法律、行政法规、部门规章和诊疗护理规范、常规，过失造成患者人身损害的事故。

医疗事故必须具备下列构成要件，只要其中一项不具备，就不能认定为医疗事故。

表7-6 医疗事故的构成要件

| 构成要件 | 具体内容 |
| --- | --- |
| 主体 | 医疗机构及其医务人员 |
| 行为 | 行为的不法性——错误的医疗行为，包括作为与不作为 |
| 结果 | 有损害后果，如死亡、残疾等 |
| 因果 | 行为与结果之间有必然因果关系 |
| 主观性 | 行为人主观有过错——过失 |

二、医疗事故的分级

第四条 根据对患者人身造成的损害程度，医疗事故分为四级：

一级医疗事故：造成患者死亡、重度残疾的。

二级医疗事故：造成患者中度残疾、器官组织损伤导致严重功能障碍的。

三级医疗事故：造成患者轻度残疾、器官组织损伤导致一般功能障碍的。

四级医疗事故：造成患者明显人身损害的其他后果的。

三、医疗事故的报告

第十三条 医务人员在医疗活动中发生或者发现医疗事故、可能引起医疗事故的医疗过失行为或者发生医疗事故争议的，应当立即向所在科室负责人报告，科室负责人应当及时向本医疗机构负责医疗服务质量监控的部门或者专（兼）职人员报告；该人员接到报告后，应当立即进行调查、核实，将有关情况如实向本医疗机构的负责人报告，并向患者通报、解释（图7-2）。

图 7-2　医疗事故的报告

第十四条 发生下列重大医疗过失行为的，医疗机构应当在12小时内向所在地卫生行政部门报告：

（一）导致患者死亡或者可能为二级以上的医疗事故；

（二）导致3人以上人身损害后果；

（三）国务院卫生行政部门和省、自治区、直辖市人民政府卫生行政部门规定的其他情形。

## 4. 医疗纠纷中相关法律责任

《医疗纠纷预防和处理条例》第三十六条规定，医学会、司法鉴定机构作出的医疗损害鉴定意见应当载明并详细论述下列内容：是否存在医疗损害以及损害程度；是否存在医疗过错；医疗过错与医疗损害是否存在因果关系；医疗过错在医疗损害中的责任程度。

若鉴定为医疗事故，根据其严重程度及责任人在事故中的过错情况，分别承担刑事责任、行政责任及民事责任等法律责任（表7-7）。

表 7-7　医疗事故的法律责任

| 法律责任 | 具体内容 |
| --- | --- |
| 刑事责任 | 《刑法》第三百三十五条规定"医疗事故罪"： <br>● 医务人员由于严重不负责任，造成就诊人死亡或者严重损害就诊人身体健康的，处三年以下有期徒刑或者拘役 |
| 行政责任 | ● 《医疗纠纷预防和处理条例》第四十五条至四十七条规定"医疗事故的行政责任"： <br>● 行政责任是指依照行政法律规定，医疗机构及其医务人员因实施了行政违法行为而必须接受国家行政机关给予行政处理的法律后果 <br>● 行政责任包括两个方面：行政处分（警告、记过、记大过、降级、撤职、开除）和行政处罚（警告、罚款、没收违法所得和没收非法财物、责令停产停业、暂扣或吊销许可证或执照、行政拘留） <br>● 《条例》关于医疗事故行政责任的规定见"链接一下" |
| 民事责任 | 《民法通则》第一百一十九条规定"侵害生命健康权的民事责任"： <br>● 侵害公民身体造成伤害的，应当赔偿医疗费、因误工减少的收入、残废者生活补助费等费用 <br>● 造成死亡的，并应当支付丧葬费、死者生前扶养人必要的生活费等费用 |

链接一下

《条例》关于医疗事故等法律责任的规定

一、《条例》对医疗机构及其医务人员发生医疗事故所应承担的行政责任作出了具体规定。

第四十五条 医疗机构篡改、伪造、隐匿、毁灭病历资料的，对直接负责的主管人员和其他直接责任人员，由县级以上人民政府卫生主管部门给予或者责令给予降低岗位等级或者撤职的处分，对有关医务人员责令暂停6个月以上1年以下执业活动；造成严重后果的，对直接负责的主管人员和其他直接责任人员给予或者责令给予开除的处分，对有关医务人员由原发证部门吊销执业证书；构成犯罪的，依法追究刑事责任。

第四十六条 医疗机构将未通过技术评估和伦理审查的医疗新技术应用于临床的，由县级以上人民政府卫生主管部门没收违法所得，并处5万元以上10万元以下罚款，对直接负责的主管人员和其他直接责任人员给予或者责令给予降低岗位等级或者撤职的处分，对有关医务人员责令暂停6个月以上1年以下执业活动；情节严重的，对直接负责的主管人员和其他直接责任人员给予或者责令给予开除的处分，对有关医务人员由原发证部门吊销执业证书；构成犯罪的，依法追究刑事责任。

第四十七条 医疗机构及其医务人员有下列情形之一的，由县级以上人民政府卫生主管部门责令改正，给予警告，并处1万元以上5万元以下罚款；情节严重的，对直接负责的主管人员和其他直接责任人员给予或者责令给予降低岗位等级或者撤职的处分，对有关医务人员可以责令暂停1个月以上6个月以下执业活动；构成犯罪的，依法追究刑事责任：

（一）未按规定制定和实施医疗质量安全管理制度；

（二）未按规定告知患者病情、医疗措施、医疗风险、替代医疗方案等；

（三）开展具有较高医疗风险的诊疗活动，未提前预备应对方案防范突发风险；

（四）未按规定填写、保管病历资料，或者未按规定补记抢救病历；

（五）拒绝为患者提供查阅、复制病历资料服务；

（六）未建立投诉接待制度、设置统一投诉管理部门或者配备专（兼）职人员；

（七）未按规定封存、保管、启封病历资料和现场实物；

（八）未按规定向卫生主管部门报告重大医疗纠纷；

（九）其他未履行本条例规定义务的情形。

**链接一下**

二、《条例》也加大了对医疗纠纷处理中一切违法行为的处罚力度。

第五十三条 医患双方在医疗纠纷处理中，造成人身、财产或者其他损害的，依法承担民事责任；构成违反治安管理行为的，由公安机关依法给予治安管理处罚；构成犯罪的，依法追究刑事责任。

**聚焦二十大**

党的二十大报告指出：加快建设法治社会。法治社会是构筑法治国家的基础。弘扬社会主义法治精神，传承中华优秀传统法律文化，引导全体人民做社会主义法治的忠实崇尚者、自觉遵守者、坚定捍卫者。建设覆盖城乡的现代公共法律服务体系，深入开展法治宣传教育，增强全民法治观念。推进多层次多领域依法治理，提升社会治理法治化水平。发挥领导干部示范带头作用，努力使尊法学法守法用法在全社会蔚然成风。

随着法治社会建设，医患关系必将进一步和谐。在法治的进程中，护理工作者如何进一步提升自己的法治意识，更好地服务病患，更好地保护自己。

## 护考"120"

一、填空题

1. 护理伦理的具体原则是_____，_____，_____，_____。

2. 护士从事护理活动唯一合法的法律文书是_____。

3. 护士执业注册的有效期是_____。

4. 重大医疗事故的报告时限为_____。

二、单项选择题

5. 对于护理人员而言，最基本的道德义务是指（　　）

　　A．尊重病人人格、权利　　　　　　B．为病人服务，防病治病

　　C．积极主动而负责地执行医嘱　　　D．推动护理事业的发展

　　E．协助医生解释病情

6. 护士在从事护理工作时，首要的义务是（　　）

　　A．维护病人利益　　　　　　　　　B．维护护士的利益

　　C．维护医生的利益　　　　　　　　D．维护病人家属的利益

　　E．维护科室的利益

7. 冯女士，37岁。因肠粘连合并肠梗阻需行手术治疗。病人的丈夫、父母、哥哥及10岁的儿子都到了医院。医护人员介绍完手术的重要性及风险后，要求签订手术协议书，签订人应首选（　　）

　　A．病人本人　　　　　　　　　　　B．病人的父母

　　C．病人的丈夫　　　　　　　　　　D．病人的哥哥

　　E．病人的儿子

8. 被吊销执业证书的，几年内不得申请护士执业注册（　　）

　　A．1年　　　B．2年　　　C．4年　　　D．5年　　　E．6年

9. 包护士，在广东省进行护士执业注册3年，因工作调动，欲往江西省某医院继续从事护理工作。包护士现在应办的申请是（　　）

　　A．护士执业注册申请　　　　　　　B．注销护士执业注册申请

　　C．护士延续注册申请　　　　　　　D．重新申请护士执业注册

　　E．护士变更注册申请

10. 行导尿术时护士未用屏风遮蔽，导致投诉。其行为应视为（　　）

　　A．侵权　　B．过失犯罪　　C．受贿　　D．渎职罪　　E．无过失行为

11. 护士用药前没有进行查对，导致输错药物而致使病人死亡。其行为属于（　　）

　　A．渎职罪　　B．过失犯罪　　C．故意犯罪　　D．疏忽大意　　E．受贿

三、多项选择题

12. 关于2018年10月1日开始施行的《医疗纠纷预防和处理条例》的主要内容，正确的是（　　）

　　A．国家建立完善医疗风险分担机制，医疗风险社会化分担是发展方向

　　B．对诊疗活动中医疗事故的行政调查处理，依照《医疗事故处理条例》相关执行。

　　C．调解是解决医疗纠纷的主要途径

　　D．医疗纠纷预防与处理并重，强调预防的重要性

　　E．政府与相关部门及机构合作共治，是预防和处理医疗纠纷的基点

13．申请护士执业注册时，须向注册机关缴验的证件包括（　　）

    A．护士执业资格考试成绩合格证明　　　B．健康体检合格证明

    C．身份证　　　　　　　　　　　　　　D．申请人学历证书

    E．专业学习中的8个月临床实习证明

14．医疗事故预防措施包括（　　）

    A．设立医疗质量监控部门

    B．加强职业道德教育和修养

    C．严格控制探视

    D．提高医护人员的知识和技术水平

    E．持续质量改进

15．以下不可定义为医疗事故的是（　　）

    A．及时并严格遵照心肺复苏指南抢救心搏骤停病人未成功

    B．注射维生素$B_{12}$时病人出现过敏性休克，抢救无效死亡

    C．术前乙肝表面抗原阴性，手术中输血2个月后发生乙型病毒性肝炎

    D．车祸后肇事者逃逸未及时呼叫120，致伤者抢救不及时死亡

    E．急救车在转运病人过程中，遇山体滑坡受阻，导致抢救病人不及时而死亡

16．关于医疗事故，表述正确的是（　　）

    A．一级医疗事故：造成病人死亡、重度残疾的

    B．二级医疗事故：造成病人中度残疾、器官组织损伤导致严重功能障碍的

    C．三级医疗事故：造成病人轻度残疾、器官组织损伤导致一般功能障碍的

    D．四级医疗事故：造成病人明显人身损害的其他后果的

    E．在紧急情况下为抢救垂危患者生命而采取紧急医学措施造成不良后果的不属于医疗事故

# 护考"120"参考答案

**项目一**

1. 组织　2. 新陈代谢　3. 刺激　4. 负反馈调节　5. 206　骨连结　6. B　7. D　8. A　9. C
10. C　11. E　12. A　13. D　14. A　15. ABCE　16. ABCD　17. ABDE

**项目二**

1. 50%~60%　2. 预检分诊　3. 通知值班医生及抢救室护士　4. 6小时内　5. A　6. C　7. B
8. D　9. ABDE　10. ABCD　11. ABCE

**项目三**

1. 5月12日　2. 1860年，英国　3. 健康，护理　4. E　5. B　6. E　7. E　8. E　9. D　10. D
11. A　12. A　13. C　14. A　15. C　16. E　17. A　18. C　19. B　20. ABCD　21. BCDE
22. ABD

**项目四**

1. 眉　耳　2. 4~5　3. 微笑　4. 眼睛　5. 丁　6. D　7. A　8. E　9. C　10. D　11. ABCD
12. ABCE　13. ABCDE　14. ABCDE　15. ACDE　16. √　17. ×　18. ×　19. ×　20. √

**项目五**

1. 开放式　闭合式　开放式　2. 环境　生理　3. 熟人　4. A　5. B　6. C　7. D　8. A　9. B
10. D　11. B　12. B　13. A　14. ABCD　15. BCDE　16. BCDE　17. ABCE　18. ABCD
19. ABD　20. ABCE　21. ABDE　22. ABCE　23. ABCE　24. ×　25. ×　26. ×　27. √
28. ×

**项目六**

1. 护理评估，护理诊断，护理实施　2. 护理对象（病人）　3. 医护合作问题　4. C　5. B
6. C　7. B　8. A　9. D　10. A　11. A　12. E　13. D　14. C　15. B　16. C　17. D　18. ABCE
19. ABCDE　20. ABDE

项目七

1.尊重原则　不伤害原则　公正原则　行善原则　2.护士执业证书　3.5年　4.12小时内

5.B　6.A　7.A　8.B　9.E　10.A　11.B　12.ABCDE　13.ABCDE　14.ABDE

15.ABDE　16.ABCDE

# 《护士条例》

（2008年1月23日国务院第206次常务会议通过，自2008年5月12日起施行。）

## 第一章 总 则

**第一条** 为了维护护士的合法权益，规范护理行为，促进护理事业发展，保障医疗安全和人体健康，制定本条例。

**第二条** 本条例所称护士，是指经执业注册取得护士执业证书，依照本条例规定从事护理活动，履行保护生命、减轻痛苦、增进健康职责的卫生技术人员。

**第三条** 护士人格尊严、人身安全不受侵犯。护士依法履行职责，受法律保护。

全社会应当尊重护士。

**第四条** 国务院有关部门、县级以上地方人民政府及其有关部门以及乡（镇）人民政府应当采取措施，改善护士的工作条件，保障护士待遇，加强护士队伍建设，促进护理事业健康发展。

国务院有关部门和县级以上地方人民政府应当采取措施，鼓励护士到农村、基层医疗卫生机构工作。

**第五条** 国务院卫生主管部门负责全国的护士监督管理工作。

县级以上地方人民政府卫生主管部门负责本行政区域的护士监督管理工作。

**第六条** 国务院有关部门对在护理工作中做出杰出贡献的护士，应当授予全国卫生系统先进工作者荣誉称号或者颁发白求恩奖章，受到表彰、奖励的护士享受省部级劳动模范、先进工作者待遇；对长期从事护理工作的护士应当颁发荣誉证书。具体办法由国务院有关部门制定。

县级以上地方人民政府及其有关部门对本行政区域内做出突出贡献的护士，按照省、自治区、直辖市人民政府的有关规定给予表彰、奖励。

## 第二章 执业注册

**第七条** 护士执业，应当经执业注册取得护士执业证书。

申请护士执业注册，应当具备下列条件：

（一）具有完全民事行为能力；

（二）在中等职业学校、高等学校完成国务院教育主管部门和国务院卫生主管部门规定的普通全日制3年以上的护理、助产专业课程学习，包括在教学、综合医院完成8个月以上护理临床实习，并取得相应学历证书；

（三）通过国务院卫生主管部门组织的护士执业资格考试；

（四）符合国务院卫生主管部门规定的健康标准。

护士执业注册申请，应当自通过护士执业资格考试之日起3年内提出；逾期提出申请的，除应当具备前款第（一）项、第（二）项和第（四）项规定条件外，还应当在符合国务院卫生主管部门规定条件的医疗卫生机构接受3个月临床护理培训并考核合格。

护士执业资格考试办法由国务院卫生主管部门会同国务院人事部门制定。

第八条　申请护士执业注册的，应当向拟执业地省、自治区、直辖市人民政府卫生主管部门提出申请。收到申请的卫生主管部门应当自收到申请之日起20个工作日内做出决定，对具备本条例规定条件的，准予注册，并发给护士执业证书；对不具备本条例规定条件的，不予注册，并书面说明理由。

护士执业注册有效期为5年。

第九条　护士在其执业注册有效期内变更执业地点的，应当向拟执业地省、自治区、直辖市人民政府卫生主管部门报告。收到报告的卫生主管部门应当自收到报告之日起7个工作日内为其办理变更手续。护士跨省、自治区、直辖市变更执业地点的，收到报告的卫生主管部门还应当向其原执业地省、自治区、直辖市人民政府卫生主管部门通报。

第十条　护士执业注册有效期届满需要继续执业的，应当在护士执业注册有效期届满前30日向执业地省、自治区、直辖市人民政府卫生主管部门申请延续注册。收到申请的卫生主管部门对具备本条例规定条件的，准予延续，延续执业注册有效期为5年；对不具备本条例规定条件的，不予延续，并书面说明理由。

护士有行政许可法规定的应当予以注销执业注册情形的，原注册部门应当依照行政许可法的规定注销其执业注册。

第十一条　县级以上地方人民政府卫生主管部门应当建立本行政区域的护士执业良好记录和不良记录，并将该记录记入护士执业信息系统。

护士执业良好记录包括护士受到的表彰、奖励以及完成政府指令性任务的情况等内容。护士执业不良记录包括护士因违反本条例以及其他卫生管理法律、法规、规章或者诊疗技术规范的规定受到行政处罚、处分的情况等内容。

## 第三章　权利和义务

第十二条　护士执业，有按照国家有关规定获取工资报酬、享受福利待遇、参加社会保险的权利。任何单位或者个人不得克扣护士工资，降低或者取消护士福利等待遇。

第十三条　护士执业，有获得与其所从事的护理工作相适应的卫生防护、医疗保健服务的权利。从事直接接触有毒有害物质、有感染传染病危险工作的护士，有依照有关法律、行政法规的规定接受职业健康监护的权利；患职业病的，有依照有关法律、行政法规的规定获得赔偿的权利。

第十四条　护士有按照国家有关规定获得与本人业务能力和学术水平相应的专业技术职务、职称的权利；有参加专业培训、从事学术研究和交流、参加行业协会和专业学术团体的权利。

第十五条　护士有获得疾病诊疗、护理相关信息的权利和其他与履行护理职责相关的权利，可以对医疗卫生机构和卫生主管部门的工作提出意见和建议。

第十六条　护士执业，应当遵守法律、法规、规章和诊疗技术规范的规定。

第十七条　护士在执业活动中，发现患者病情危急，应当立即通知医师；在紧急情况下为抢救垂危患者生命，应当先行实施必要的紧急救护。

护士发现医嘱违反法律、法规、规章或者诊疗技术规范规定的，应当及时向开具医嘱的医师提出；必要时，应当向该医师所在科室的负责人或者医疗卫生机构负责医疗服务管理的人员报告。

第十八条　护士应当尊重、关心、爱护患者，保护患者的隐私。

第十九条　护士有义务参与公共卫生和疾病预防控制工作。发生自然灾害、公共卫生事件等严重威胁公众生命健康的突发事件，护士应当服从县级以上人民政府卫生主管部门或者所在医疗卫生机构的安排，参加医疗救护。

### 第四章　医疗卫生机构的职责

第二十条　医疗卫生机构配备护士的数量不得低于国务院卫生主管部门规定的护士配备标准。

第二十一条　医疗卫生机构不得允许下列人员在本机构从事诊疗技术规范规定的护理活动：

（一）未取得护士执业证书的人员；

（二）未依照本条例第九条的规定办理执业地点变更手续的护士；

（三）护士执业注册有效期届满未延续执业注册的护士。

在教学、综合医院进行护理临床实习的人员应当在护士指导下开展有关工作。

第二十二条　医疗卫生机构应当为护士提供卫生防护用品，并采取有效的卫生防护措施和医疗保健措施。

第二十三条　医疗卫生机构应当执行国家有关工资、福利待遇等规定，按照国家有关规定为在本机构从事护理工作的护士足额缴纳社会保险费用，保障护士的合法权益。

对在艰苦边远地区工作，或者从事直接接触有毒有害物质、有感染传染病危险工作的护士，所在医疗卫生机构应当按照国家有关规定给予津贴。

第二十四条　医疗卫生机构应当制定、实施本机构护士在职培训计划，并保证护士接受培训。

护士培训应当注重新知识、新技术的应用；根据临床专科护理发展和专科护理岗位的需要，开展对护士的专科护理培训。

第二十五条　医疗卫生机构应当按照国务院卫生主管部门的规定，设置专门机构或者配备专（兼）职人员负责护理管理工作。

第二十六条　医疗卫生机构应当建立护士岗位责任制并进行监督检查。

护士因不履行职责或者违反职业道德受到投诉的，其所在医疗卫生机构应当进行调查。经查证属实的，医疗卫生机构应当对护士做出处理，并将调查处理情况告知投诉人。

## 第五章　法律责任

第二十七条　卫生主管部门的工作人员未依照本条例规定履行职责，在护士监督管理工作中滥用职权、徇私舞弊，或者有其他失职、渎职行为的，依法给予处分；构成犯罪的，依法追究刑事责任。

第二十八条　医疗卫生机构有下列情形之一的，由县级以上地方人民政府卫生主管部门依据职责分工责令限期改正，给予警告；逾期不改正的，根据国务院卫生主管部门规定的护士配备标准和在医疗卫生机构合法执业的护士数量核减其诊疗科目，或者暂停其6个月以上1年以下执业活动；国家举办的医疗卫生机构有下列情形之一、情节严重的，还应当对负有责任的主管人员和其他直接责任人员依法给予处分：

（一）违反本条例规定，护士的配备数量低于国务院卫生主管部门规定的护士配备标准的；

（二）允许未取得护士执业证书的人员或者允许未依照本条例规定办理执业地点变更手续、延续执业注册有效期的护士在本机构从事诊疗技术规范规定的护理活动的。

第二十九条　医疗卫生机构有下列情形之一的，依照有关法律、行政法规的规定给予处罚；国家举办的医疗卫生机构有下列情形之一、情节严重的，还应当对负有责任的主管人员和其他直接责任人员依法给予处分：

（一）未执行国家有关工资、福利待遇等规定的；

（二）对在本机构从事护理工作的护士，未按照国家有关规定足额缴纳社会保险费用的；

（三）未为护士提供卫生防护用品，或者未采取有效的卫生防护措施、医疗保健措施的；

（四）对在艰苦边远地区工作，或者从事直接接触有毒有害物质、有感染传染病危险工作的护士，未按照国家有关规定给予津贴的。

第三十条　医疗卫生机构有下列情形之一的，由县级以上地方人民政府卫生主管部门依据职责分工责令限期改正，给予警告：

（一）未制定、实施本机构护士在职培训计划或者未保证护士接受培训的；

（二）未依照本条例规定履行护士管理职责的。

第三十一条　护士在执业活动中有下列情形之一的，由县级以上地方人民政府卫生主管部门依据职责分工责令改正，给予警告；情节严重的，暂停其6个月以上1年以下执业活动，直至由原发证部门吊销其护士执业证书：

（一）发现患者病情危急未立即通知医师的；

（二）发现医嘱违反法律、法规、规章或者诊疗技术规范的规定，未依照本条例第十七条的规定提出或者报告的；

（三）泄露患者隐私的；

（四）发生自然灾害、公共卫生事件等严重威胁公众生命健康的突发事件，不服从安排参加医疗救护的。

护士在执业活动中造成医疗事故的，依照医疗事故处理的有关规定承担法律责任。

第三十二条　护士被吊销执业证书的，自执业证书被吊销之日起2年内不得申请执业注册。

第三十三条　扰乱医疗秩序，阻碍护士依法开展执业活动，侮辱、威胁、殴打护士，或者有其他侵犯护士合法权益行为的，由公安机关依照治安管理处罚法的规定给予处罚；构成犯罪的，依法追究刑事责任。

## 第六章　附　　则

第三十四条　本条例施行前按照国家有关规定已经取得护士执业证书或者护理专业技术职称、从事护理活动的人员，经执业地省、自治区、直辖市人民政府卫生主管部门审核合格，换领护士执业证书。

本条例施行前，尚未达到护士配备标准的医疗卫生机构，应当按照国务院卫生主管部门规定的实施步骤，自本条例施行之日起3年内达到护士配备标准。

第三十五条　本条例自2008年5月12日起施行。

# 参考文献

1. 李晓松. 护理学基础. 第2版. 北京：人民卫生出版社，2008.

2. 庄红. 护理学基础. 第2版. 北京：高等教育出版社，2009.

3. 章晓幸. 护理学基础. 杭州：浙江科学技术出版社，2004.

4. 崔焱. 护理学基础. 北京：人民卫生出版社，2001.

5. 李晓阳. 护理礼仪. 第2版. 北京：高等教育出版社，2010.

6. 耿洁. 护理礼仪. 第2版. 北京：人民卫生出版社，2003.

7. 余大敏. 人际沟通. 北京：高等教育出版社，2011.

8. 沃中东. 卫生法学. 杭州：浙江教育出版社，2009.

9. 李小妹. 护理学导论. 第2版. 北京：人民卫生出版社，2006.

10. 苏兰若. 护理管理学. 第2版. 北京：人民卫生出版社，2008.

11. 李秋洁. 护理管理. 北京：人民卫生出版社，2012.

12. 姜小鹰. 护理管理理论与实践. 北京：人民卫生出版社，2011.

13. 王平. 护士执业资格考试护考急救包. 北京：人民军医出版社，2012.

14. [美] 内奥米·E·巴拉班，詹姆斯·E. 博比克. 机敏问答：解剖. 王瑶，译.
    上海：上海科学技术文献出版社，2009.

15. 闫天杰，甘功友. 解剖学与组织胚胎学基础. 武汉：华中科技大学出版社，2011.

16. 刘春波. 人体解剖生理学. 北京：人民卫生出版社，2005.

17. 苏传怀，高云兰. 解剖学与组织胚胎学基础. 北京：科学出版社，2011.

18. 彭波. 解剖生理学基础. 北京：人民卫生出版社，2001.

19. 彭波，李茂松. 生理学. 北京：人民卫生出版社，2001.

20. 刘执玉，田铧. 精编人体解剖彩色图谱. 北京：科学出版社，2005.

21. [日] 坂井建雄，桥本尚词. 3D人体解剖图. 唐晓艳，译. 沈阳：辽宁科学技术
    出版社，2013.

22. [美] Steve Parker. 人体：人体结构、功能与疾病图解. 左焕琛，译. 上海：上
    海科学技术出版社，2010.

23. 吕月桂，王远湘. 护理礼仪与人际沟通. 武汉：华中科技大学出版社，2011.

24. 钟海，覃琥云，汪洪杰. 人际沟通. 2版. 北京：科学出版社，2007.

25. [美] Julia Balzer Riley. 护理人际沟通. 隋树杰，董国忠，译. 北京：人民卫生
    出版社，2010.

26. 郑修霞. 护理学基础. 北京：北京医科大学出版社，1998.